藤野嘉子

60過ぎたらコンパクトに暮らす

モノ・コトすべてを大より小に、重より軽に

はじめに

私たち夫婦が長年住み慣れた家を手放したのは、私が60歳の還暦を迎えるころでした。

20代で料理の仕事を始めた私は、フランス料理の料理人、藤野賢治と結婚。3人の子どもに恵まれ、料理の仕事をしながら家事をして、子どもを育てて、30代、40代は慌ただしく、まさにあっという間に過ぎていきました。

子どもたちが巣立っていき、少し余裕が出てきた50代最後のタイミングで夫から提案されたのが、自宅の売却と賃貸物件への住み替えです。

60代目前で持ち家を手放すという選択

夫からの提案をきっかけに、私たちの暮らし方はがらりと変わりました。

１５０㎡の自宅を売却し、夫と私、私の母という今の家族構成に合った間取りの、65㎡の賃貸にお引っ越し。

これまでのマンションに住み続けていれば、月々にかかる費用はローンのほか、管理費や修繕積立金、駐車場代だけではありません。毎年、固定資産税も払い、ゆくゆくはリフォームも必要になります。売却すれば、ありがたいことにいくらかの売却益が出ますから、それを老後資金と考えることにしました。

家具も祖母から受け継いだものをはじめ、広い自宅でもギュウギュウの状態でしたので、転居を機に思い切って必要最少限に。持ち物もずいぶん処分しました。最初はこんなに減らして大丈夫かしらとも思いましたが、３年が経って今はちょうどいいと思う暮らし方ができるようになってきました。60代での大胆な選択は、たくさんの気づきをもたらしてくれました。

年齢とともに変化する「モノ」「コト」の基準

年齢を重ねていくなかで、夫や自分自身のからだの変化も感じています。これまでより疲れやすくなったり、覚えが悪くなったりしていることに、ふとした瞬間、気がつくのです。

そうなると、仕事のやり方や家事のやり方も変わってきました。

コンパクトにした暮らしのなかで、自分にとって本当に必要な「モノ」や「コト」がわかるようになってきたのです。

60代になった私は、大きなことをやろうとするより、小さなことを少しずつやっていけばいい。重くて立派なものより、軽くて使いやすいものがいい。人や仕事に対しても、ものに対しても、付き合い方がずいぶんと変わってきました。そして今、私は、家族ともいい距離を保ち、仕事も家事も無理をせず楽しんでいます。

この本では、今の私が選んでいる暮らし方、続けていること、大切にしていることなどを紹介したいと思います。

いまなお失敗もすれば、迷うこともある私と、これからの時代をどう生きていくか、一緒に考えていきましょう。

藤野嘉子

60過ぎたらコンパクトに暮らす　目次

1章　気分がよくなる「コト」

2章 ゆっくり選んでいく「モノ」

3章 がんばらない料理

4章　軽くしたい心とからだ

1章

気分がよくなる「コト」

仕事も年齢に合ったやり方に

私の職業は、料理研究家です。夫の藤野賢治は料理人、娘の藤野貴子はパティシエで、私たち3人は、南青山のマンションの一室で「カストール&ラボラトリー」を運営しています。

家の引っ越しをする少し前、夫は30代から続けてきたフレンチレストラン「カストール」を閉めました。都内を移転しつつ最後は京橋という都心の一等地で、スタッフを雇い長く続けてきた思い入れのあるレストランでしたが、会社勤めならそろそろ定年を迎えるころに、商売をコンパクトにして家族で経営することを決めたのです。

現在の「カストール&ラボラトリー」でも月に何回かはレストランを営業し、私はそれを手伝ったり、料理教室の開催やテレビや雑誌の撮影、さらに物販用の商品を作ったりしています。

50代、60代という年齢は、多くの人は働き方が変わる節目となる年齢です。退職したり、役職から降りたりという変化を経験する人が多くいます。私たちは自営業ですから、自らが選択した形ですが、年齢に応じて、働き方を小さく、軽くしました。

これまではレストランの規模に応じて経費もたくさんかかっていましたから、ずいぶんと重いものを背負って仕事をしていましたが、「カストール&ラボラトリー」では、今の私たちの身の丈に合った仕事のやり方をしています。

ここ1年の間には、夫が膝を悪くして入院や手術をするなどのアクシデントもありましたが、規模を小さくしていたことで娘と私で乗り切ることができました。仕事のやり方や家族との関係は、今も絶えず変化しています。そしてこれからも変化し続けるでしょう。

だけど不安になる必要はありませんし、小さく、軽くなることを恐れる必要もありません。変化のなかで、私たちらしい仕事のやり方を続けていこうと思っています。

コンパクトで快適になった暮らし

30代のときから25年間住み続けた家は、150㎡ありました。そこから引っ越し、現在私たち3人が暮らしているのは、2LDK65㎡の賃貸マンション。コンパクトですが使い勝手のいい間取りで気に入っています。広さはこれまでの半分以下になり、家具や食器、衣類など身の回りのありとあらゆるものを半分以上処分しました。これを機に車も手放し、暮らしはずいぶん身軽になっています。

そうやって暮らしを思い切り小さくしたのが2017年のことです。

大きかったのは、心の変化です。家やものをたくさん手放しても、心ゆたかに暮らすことができました。これまで自分を縛ってきた「こうでなくては」という想いから解放され、とても軽やかになりました。

現在のわが家の間取り図

2LDK 65㎡

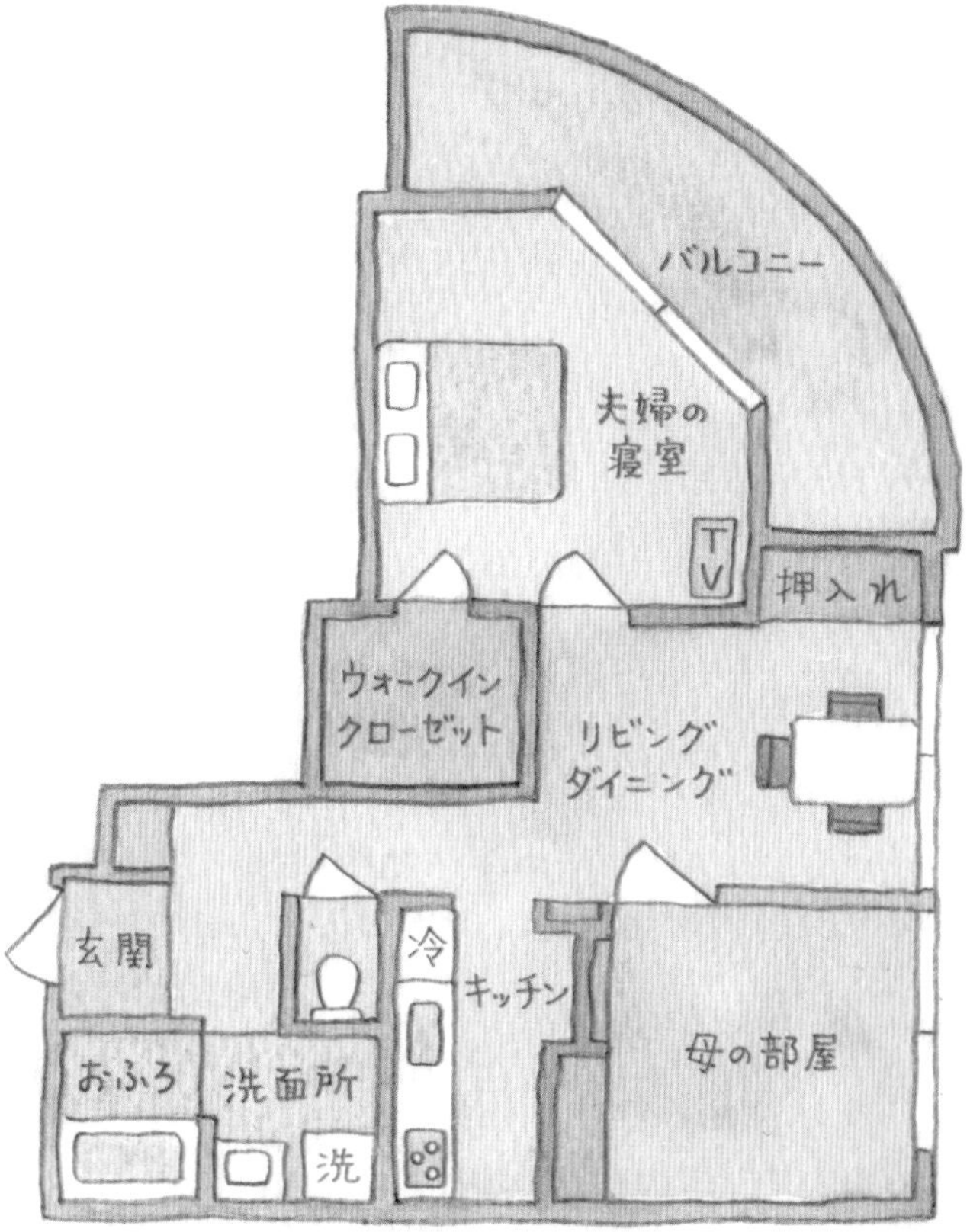

大切なのは、どう暮らすか。

そこから3年近く経ち、小さくした暮らしは、とても快適です。新たに買い足したものもあれば、引っ越しをする前から使い続けているものもあります。処分したことを後悔したものもありました。

引っ越しをした当初は、ものを買うことにはとても慎重になっていました。「買う」の向こうに「捨てる」があると知って、ものを買うことに対して臆病になったのです。だけど、私が目指しているのは「心ゆたかに暮らすこと」であって、「ものを減らすこと」ではありません。買わないこと、ものを減らすことにだけ縛られてしまうと楽しくありませんでした。新しいものを手に入れることでのよろこびもあります。

そこで、これまでのように衝動的に何かを買い求めたりすることは慎みつつ、自分が必要だと思ったものは、じっくり考えて買い、買ったらとことん使い切ると決めています。そもそも、暮らしをコンパクトにしたらムダなものは買わなくなりました。自分にとってちょうどいい空間と好きなものに囲まれて、気持ちよく過ごしています。

イメージトレーニングで仕事をスムーズに

料理のレシピを作るときは、まず机に向かって食材と作りたい料理、シニア世代向けのレシピなのか、料理経験のない若い人向けのレシピなのか、誰に向けたものかを思い浮かべながら考えます。あらかた7、8割ができたら実際にキッチンに立って試作を始めます。分量などもそこで決めます。

あるいは別の料理を作っているとき、たとえばなすを使った煮物を作っていて、不意にこういうやり方もあるんじゃないかしら、こういう素材を組み合わせれば美味しいんじゃないかしら、と別のレシピを思いつくこともあります。

そして、料理の撮影のときに大切にしているのは、イメージトレーニングです。スムーズに撮影を進めるには、今回はどのようにしようか、いつも撮影の前に仕事の流れをしっかりイメージしてから臨むようにしています。

料理は現場でのやり直しがききません。材料を準備して、切って、という流れがしっかり自分の中にイメージできていないと、途中で、あれ、何かが違う、と気づいてもすぐに軌道修正できません。

自分の思い描いているものを現場でしっかり再現するためには、ここでフライパンを火にかけて十分温めてから、油をさして、材料を入れて、塩を振って、と頭の中で段取りをイメージしておくことが必要です。そうすれば、当日焦らずに進めることができます。

事前のイメージトレーニングは若いころからやっていましたが、今ほどしっかりやってはいませんでした。現場での瞬発力はやはり若いころのほうがありましたから。早朝に趣味のランニングをして、午後からの撮影に臨んだりもしていました。今より体力がありましたし、脳が活性化してちょうどよかったのです。

料理を作っているときの集中力はこれまでと同じですが、それを持続できる時間は

短くなってきたようにも感じます。長い時間、集中し続けるとだんだん疲れてくるようになってきました。

だからこそ、準備を大事にしています。

人は少しずつ変わっていきますが、これまでとは違う自分を発見したら、その自分に合うやり方を見つければよいだけのこと。私も事前にしっかりイメージトレーニングをすることで、気持ちよく仕事をしています。

これからもそのとき、そのときの自分に合うやり方で、仕事を続けていきたいと思っています。

一日の始まりは「何もしない」15分から

私は、朝いつも6時半くらいに起きています。家族が起きてくるまでが私ひとりの時間です。

２ＬＤＫのわが家は中央にリビングをはさんで、夫と私の部屋と、母の部屋があります。私は、まずリビングの椅子に座って水を1杯飲んで、ボーッとします。15分くらいそうしているでしょうか。ときには目が覚めたらそのままベッドの中でぼんやりと過ごすこともあります。

60歳を過ぎてから、なんとなくものごとの進み方がゆっくりになってきました。この15分も、エンジンを少しずつ暖めるように、頭とからだを少しずつ動かすための準備なのです。

まず今日は何日だったかしら、とぼんやり考え始めて、何をする日かしら、とこれから始まる一日について思いを巡らせます。11時から打ち合わせがあったわ。今日は洗濯をしなくても大丈夫ね。朝ごはんは、何を食べようかしら。そんなふうにゆっくり考えごとをしながら、少しずつ頭を動かしていきます。

一日のだいたいの流れを確認していると、だんだん血の巡りがよくなってからだの準備も整ってくるので、次はストレッチです。

窓ぎわにヨガマットを敷いて、5分から10分くらい、トレーナーの方から教えてもらったメニューをやって股関節を伸ばしたり、肩甲骨のあたりをグルグル回したりしています。天気がいいときは、バルコニーに出て深呼吸しながらからだを動かします。おふろ上がりにやるともっとからだが柔らかくてやりやすいのかもしれませんが、夜はそんなに時間がないし、私はこのひとり時間をあてています。

からだが本当に硬くて思うようには動かないのですが、やらないともっと硬くなってしまいそうです。シニア世代は、自分でからだを動かすことを意識しないと、つい

朝のストレッチは気分の切り替えも実際のからだの動きもよくなる感覚があって、日課にしています。

楽なほうを選びます。階段よりエレベーター、エスカレーター、歩くより車、となりがち。料理の仕事は立ち仕事ですから、からだを使っていますが、それでものんびりとした日が続くと、からだの動きが緩慢になるように感じます。だから朝の運動だけは、続けるようにしています。

そうするうちに家族が起きてきて、朝ごはんです。

子どもたちがいたころは、朝ごはんに加えてお弁当作りもあって、ずいぶんと慌ただしくしていましたが、今の一日は、とてもゆっくりと始まります。

ごはんが終われば、テレビを見ながら、家事をスタート。次は、暮らしをコンパクトにしたおかげで、小さく軽くなった家事のやり方を紹介します。

今日食べたいものを今日買う

日々の献立は1日単位で考えるようにしています。今日食べたいものを、今日買ってきて今日食べておしまい。とてもシンプルです。

肉じゃがやエビフライなどわかりやすい献立のときや、どうしても食べたいものがあるときは、目当ての食材を買いに行きます。

いっぽうで、何も決めないままスーパーに行って、食材を見ながら考えるのも楽しみです。鮮度のいい魚や旬の野菜を見て、その場で、これ！　と決めるのです。魚なら、煮るのか焼くのか、フライパンで蒸すのか、その魚に合う調理法と付け合わせを考えます。

これまでは、何日か単位で献立を考えて食材を買い込んだり、逆に、食材を適当に買っておいて、どれがどれくらい残っているからこうして、ああして……とその場で考えたりすることもありましたが、だんだんとそういうやり方が合わなくなってきました。

計画的に3日単位、1週間単位でやろうとしても気持ちが追いつかないですし、適当に見繕って、その場の勢いで料理を何品も作ろうとしても、十分な気力や体力がありません。

今の私に合うやり方は、今日はこれを買ってきてこれを作ろう、とシンプルにやることです。必要なものをその都度買うほうが気楽でいい。野菜なども、大きなものを丸一個より、多少割高になっても切り分けてあるものを買い、使い切ります。鮮度のいいものを美味しいときに食べられ、使い切れずにダメにしてしまったりすることもありません。

作り置きもあまりしなくなりました。これまでは、きゅうりをまとめて小口切りにして軽く塩をして冷蔵庫に置いておいて、それを朝のサラダや夜の肉料理に添えたり

ベトナム土産にいただいたナイロンのバッグは、軽くて買い物用のエコバッグに最適。

して重宝していました。

ところがこのごろは、置いてあることをすっかり忘れて、少ししてから冷蔵庫で見つけて、これがあったのに、とがっかりすることがあります。

先のことを考えて合理的にやろうとするより、今日必要なことを今日やるほうがすっきりとして、うまくいくことがわかってきました。

幸い、わが家は近くにスーパーがありますから、すぐに買い物ができますし、大人だけの小さな家族ですから、買い置きを意識する必要もないのです。

仕事のことや社会とのつながりはこれからも大事ですから、そちらは手落ちがないようにエネルギーを使うようにして、食事の準備はできるだけシンプルに、小さく、軽く。そうやってうまくエネルギーを分散しています。

軽いアイロンで服が活き返る

アイロンがけをこまめにするようになりました。これまでは仕事が忙しくて、ゆっくりアイロンをかける時間がなかったので、アイロンが必要な服はあまり買わないようにしていたくらいですが、アイロンを買い換えたら、アイロンがけがとても楽しくなりました。

理由は、アイロンが軽いからです。

私が使っているのは、知り合いのスタイリストさんに教えてもらったパナソニック製品で、スチーム機能がついていないドライ専用のアイロンです。重さは1kgもありません。続けて何枚かかけていても辛くならず、どんどん仕事がはかどります。

コンパクトで先端が細いから、アイロンが隅々にまで届き、機能性も抜群です。

そこで朝の時間にテレビを見ながら、ブラウスやパンツ、Tシャツにかけてパリッとさせています。

これまでアイロンは重いものでないと、シワが伸びないと思っていましたが、全然そんなことはありませんでした。霧吹きで水をかけてサッとかけると面白いほどきれいになります。これまで使っていたものよりコンセントをつないでから熱くなるまでの時間が短いのもこの製品のいいところです。

いつも着ているTシャツも、アイロンをかけるだけで見違えるほど素敵になります。カジュアルなスタイルでも清潔感のあるきちんとした雰囲気になるのです。何より、それを着ている私自身も気持ちがピシッとするのが気持ちよくて、楽しくアイロンがけをしています。

掃除と片付けをシンプルに

家事は、いったん面倒だと思うとどんどん腰が重くなります。そうこうしているうちに、やる気にならない自分を責めたり、散らかっている部屋を見て気持ちが沈んだり……。するとますますやる気になれません。この悪循環に陥らないために、私がやっているのは「ローテーション掃除」と「1メートル片付け」です。どちらもサッと取り掛かれてすぐに終わります。

ローテーション掃除のやり方は、こうです。掃除機をかけ終えたら、拭き掃除を始めます。ポイントは、家の中をキッチン、リビング、寝室、廊下と玄関、洗面所と5ヵ所に分けて1日1ヵ所のローテーション制にすること。キッチンの日は、キッチンだけをやって終了です。これなら雑巾1枚で、5分もすればきれいになります。次の日は寝室、その次の日は洗面所、と毎日順番に1ヵ所やるだけ。それでも毎日続けていれば、大人だけの家はそんなに急に汚れませんから、家は十分きれいに保てます。

一回で家全体をきれいにしようとすると大変ですし、気の向く場所だけをやると、偏ってしまいますから、ローテーション制で家じゅうを満遍なく掃除ができます。

もうひとつの1メートル片付けは、何日かおきに自分の手の届く1メートルくらいの片付けをすることです。私は片付けが苦手で、気がつくとテーブルなどに自分がよく使うもの、便利なものを置きっぱなしにしていることも。夫からも注意されるのですが、ついすぐにまた使うだろうと、置いたままにしてしまうのです。

1メートル片付けは、これも範囲を限定していますから、気がついたときにすぐ取り掛かれます。気合いを入れて家じゅうを大掃除しなくても、気がついたときに、1メートル片付けをしていれば、部屋がすっきりとして、気分もよくなります。

完璧を目指すと腰が重くなります。仕事を軽くして、すぐに取り掛かれるようにするのがシニアにおすすめの家事のやり方です。

アイロンは、少しレトロな見た目も気に入っています。毎日の家事は少しでも楽しい気持ちで。

食器は定期的に見直します

暮らしを小さくしたときに、料理教室の生徒さんや知り合いに譲ったりして、食器をずいぶんと処分しました。

だから引っ越してきた当初は、小さくなった食器棚にもゆとりがあったのですが、今はまた、食器棚がきゅうくつになっています。それほど買った覚えはないのですが、知らず知らずのうちに増えてしまうのが食器です。なので、定期的に見直すようにしています。

毎日使うものだからこそ、自分でも気づかないうちにはやりすたりが出てきます。気に入ってしょっちゅう使っている食器もあれば、いつの間にか棚の奥に追いやられている食器もあります。

暮らし方が変われば、使う食器も変わります。わが家では、以前よく使っていた大皿をほとんど使わなくなりました。これまでは料理を大皿に盛り付けて、各自で取り分けるスタイルだったのが、大人3人分なら、それぞれに盛り付けることがそれほど手間ではなく、小皿をよく使うようになりました。使う皿の枚数は増えても、小さくて軽い皿は洗いやすく、しまいやすいので苦にはなりません。奥に片付けてあった豆皿も取り出してきました。

器は、今も気に入ったものがあれば買っています。今、気に入っているのは、素朴でシンプルな柄の器です。アプリのメルカリにも素敵な器が出品されていることがあるので、たまにチェックしています。

今の暮らしに必要なものを知るためにも、家の食器を定期的に見直すことが大切です。わが家では、大皿、大鉢から小皿、小鉢への〝器改革〟が起きています。

無地のシンプルな器よりも、柄が入っていたり、色や形に特徴のあるものが好きです。

まな板は小さなものが2枚

スペースや道具を減らすことで一番心配だったのがキッチン（とキッチン用品）でした。ところがいざ減らしてみると工夫や気づきが生まれるものです。

まな板は、以前は大きなものを数枚使っていたのですが、現在は小さなものを2枚だけにしています。家族の人数が減り、食事の量も減っていますから、小さなものでも十分間に合うのです。小さなほうが場所をとりませんし、小回りがききます。

今使っているのは、木のまな板。私はよく都内にある都道府県のアンテナショップに足を運ぶのですが、このまな板もそこで見つけました。檜《ひのき》や銀杏《いちょう》のいいものが比較的、手頃な値段で見つかります。

木のまな板のいいところは、柔らかくて手に優しいところです。硬いプラスチックのまな板でキャベツのせん切りなどをやっていると手首が痛くなることがあるのですが、これならそういうことはありません。切る順番は、葉ものなど柔らかい野菜から、根菜などアクのある野菜、にんにくなど匂いのきついもの、魚や肉などです。

木のまな板は、かびやすいのでしっかり洗って乾かす必要がありますが、慣れればそれほど大変ではありません。

まな板とあわせて使っているのが小さなふきんです。私はまな板用のふきんを用意して、何かを切り終えるたびにサッと拭いています。

切るたびにまな板を水で洗うのは不便ですし、洗うと、まな板の上が水っぽくなりますが、ふきんを使えば、そういうことはありません。少しの汚れもすぐに拭いてきれいにできますから、とても気持ちよく料理ができます。

ふきんもまな板と一緒に料理が終わったら食器用洗剤で洗って、ぎゅっと絞って干しておけば翌日には乾きます。

まな板専用のふきんを使う人は意外と少ないのですが、私はおすすめです。

頼りになるキッチン用品を見つける

まな板と同様、小さくしたキッチンには少数精鋭で本当に頼れる道具だけが残りました。

たとえば、盛り付け箸。

料理中、私は菜箸ではなく、盛り付け箸を使っています。これを使うようになって、もう40年くらいになるでしょうか。料理の最後の盛り付けに使う箸なので先端が細くなっていて、とても便利です。反対側はヘラのように平たくなっているので柔らかいものや薄いものもつかめます。私はこれを盛り付けだけではなく、炒めもの、煮物など料理中にも菜箸がわりに使っています。

市販の菜箸は、長かったり太かったりするものが多く、自分の手に合うものがなかなか見つかりませんでしたが、この箸は長さも軽さもちょうどいいのです。どんなものでも確実につかめますからとても信頼していて、今はこれだけになりました。素材は竹で、一辺は竹皮を残してあるので、長く使い続けても曲がりません。ただし、塊の肉、たとえば焼豚などの重いものをつかむときは箸ではなくトングです。

「盛り付け箸」ですから、もちろん盛り付けにも使っています。料理は最後のひと手間を大事にするとますます美味しそうに見えるのです。煮物や和えものなども中央が高くなるように盛り付けると素材が引き立ちます。

私はいつも築地の調理道具店で買いますが、調理道具を扱う店ならたいてい数百円で置いてあり、インターネット通販などでも見かけますから誰でも気軽に購入できます。まとめ買いをして古くなってきたものはどんどん新しいものに取りかえます。ちょっとしたお礼などで、知り合いにプレゼントしてもとてもよろこばれる逸品です。

野菜の下準備に重宝するのが、ピーラーとスライサーです。

にんじんやじゃがいもの皮をむくピーラーは、ドイツのリッター社のものをかれこ

毎日使うものは、安価でも高価でも自分の手になじむものがいい。少数精鋭で即戦力になってくれます。

れ40年近く使っています。ずっと変わらない形で軽くて使いやすく、世界的なロングセラーです。刃が自由に動いて角度が変わるので、じゃがいもみたいに凸凹があるものでも滑らかに皮をむくことができます。これからもずっと使い続けたい製品です。

スライサーは買い換えたばかりで、おろし金もセットでついているものにしました。「先生もスライサーを使うのですか？」と聞かれますが、野菜をたくさんせん切りにするときにはもちろん使います。このほうが楽ですから。このスライサーは切れ味がよく、底面にストッパーがついているから安定感があって気に入っています。

調理道具は、すぐには壊れませんし、一度買ったらずっと使い続けることが多いもの。それほど使いやすくなくても、なんとなく我慢してしまう。だけどピーラーもスライサーも古くなってくれば刃の切れ味がにぶります。家の中には、意外とそういうものが多いのです。使いにくい道具は潔く買い換えています。使いやすい調理道具があると、それだけで料理がはかどります。いい道具を手に入れると、驚くほど気分よく料理ができるのです。

水切りかご、やめました

洗った食器を置いておく水切りかごは、なくてはならないものだと思っていたのですが、意外と場所を取ります。洗った食器をついそのまま置きっぱなしにしてしまうことも、前から気になっていました。

そこで、仕事場のキッチンでは水切りかごをやめ、ホームセンターなどで売っているセルローズ素材の吸水マットを使うようにしたら、それで十分でした。

食器を洗い、水を切ってマットの上に重ねます。洗い終わったら食器をふきんで拭いて、マットもぎゅっと水けを絞っておしまい。キッチンがとてもすっきりします。家族が多く、洗いものが多いと、水切りかごがあったほうが便利ですが、使う食器がそれほど多くない家庭ならこれで十分です。

家族の人数が減っても、これまで通りのやり方を続けていることがよくあります。

本当は別のやり方もあるのに、長年続けていると、そのことになかなか気づかないのです。当たり前のように使っているものでも少し見直すと、より小さく、軽くする方法が見つかります。

この吸水マットもそのひとつ。使ってみると、吸水性が高く、意外と速乾性もあり、とても便利です。今は、使いやすいものがどんどん開発されていますから、興味があるものは取り入れると、ぐんと快適になることがあります。

ただし、吸水マットは囲いがない分、無造作に食器を置いたり重ねたりすると倒れてしまい、水切りかごほど食器を並べやすくはありません。それも頭の体操と思って置き方に工夫しつつ並べていますが、高齢の母にとってはかえって不便かもしれないと思い、自宅ではまだ水切りかごを使っています。

家族に配慮をしながら、変えられる部分から変えていきましょう。

洗って置いて、一度にふきんで拭き、吸水マットもぎゅっと絞って干せばおしまい。キッチンがすっきりとします。

美味しくコーヒーを淹《い》れるコツは心の余裕

コーヒーを上手に淹れられるようになりました。特別なやり方があるわけではなくて、ただ急がずゆっくりと淹れるだけ。それだけでずいぶん違うのです。

以前は、コーヒーメーカーを使ったり、ボダムのフレンチプレス用の器具を使ったりして、一気に湯を注いで淹れていたこともありました。

だけどコーヒーは嗜好品というだけあって、均一にいつも同じ味が続くと飽きるのです。それで、いつごろからかペーパーフィルターを使って、ハンドドリップで淹れるようになりました。

家族から「コーヒーが美味しい」と褒められるようになったのは、最近のことです。すっかり自信がついて、よりていねいに淹れるようになっています。

私の淹れ方を紹介します。

1 湯を沸かし、沸騰したら1分ほどほうっておいて少しだけ温度を下げます。その間にドリッパーにペーパーフィルターをセットし、人数分のコーヒー粉を入れます。

2 やかんから湯を、粉全体にゆっくり回し注ぎます。

3 粉が少しずつふくらんで全体がふくらんだら湯を注ぐのを止め、30秒ほど蒸らします（私はせっかちでつい10秒くらいで注いでしまいますが、30秒くらいがベスト）。

4 粉のふくらみが消えないように、ゆっくり湯を中央に注ぎます。

5 分量までドリップが終わるのを待ってカップに注ぎます。

コーヒー豆はずっと同じところから仕入れています。同じように淹れているつもりでも、コーヒーのふくらみ方は日によって違うんです。「今日はどれくらいふくらむかしら」というのも楽しみのひとつ。

忙しいときは、つい動作も雑になります。思えば、これまではこんな楽しみ方を知りませんでした。美味しく淹れる一番のコツは心の余裕なのでしょう。

沸騰したらすぐに注がずちょっと我慢。少し注いで蒸らし時間にまたちょっと我慢。せっかちには一番苦手な工程です。

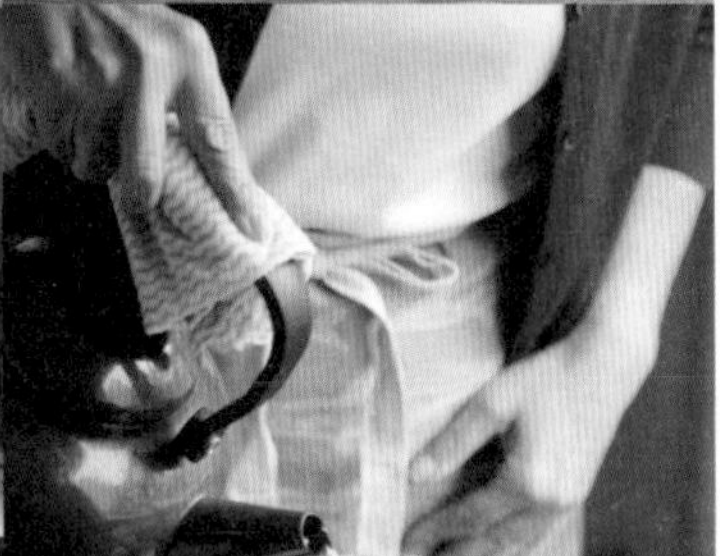

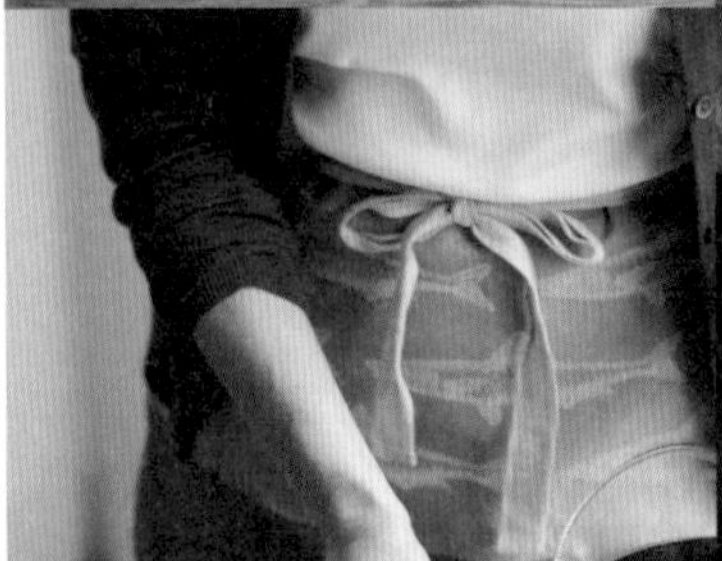

粉が膨らむのを真上でじっと見ながら同じタイミングで注いでも、毎回微妙に味が違ってきます。

ジョセフ・ヒューズの作品。アートは暮らしや仕事に潤いを与えてくれます。

冷蔵庫の見通しをよくする

わが家では、冷蔵庫の中に置いてあるものが見つからない「冷蔵庫迷子」がよくありました。佃煮やらっきょう、練り味噌、サラダなどを保存容器に移して冷蔵庫に入れておいても、すぐに見つけられないのです。

置いてあることを忘れてしまって、気がついたら時間が経ちすぎていたということも何度かあります。

特に夫や母は目が悪くなっていて、私以上に探すことがあまり得意ではありません。食事のときに「サラダがあるから取ってきて」とお願いしても見つからなくて、結局私が取りに行くことになります。

容器に名前を書いたテープを貼っておいたりもしましたが、一番わかりやすいのは、すべて透明の容器にすることでした。

ガラス製の保存容器なら、ひと目で中身がわかります。重ね置きもできるタイプなので、スペースも取りません。それでも見つからないこともありますが、以前と比べればずいぶんとよくなりました。

さらに冷蔵庫の中は、段ごとに入れるものを分けています。

一番上は、フルーツや私の秘密のお菓子。あとでひとりで食べようと思っている大事なものや、食べるのをあとにしたい買い置きなどもここに置きます。2段目は、すぐに食べたいものや、お漬物、作り置きのもの。3段目は、母専用。私が母のために作ったおかずもここに置いておきます。4段目は、朝食コーナーで、ジャムなどの瓶もの、バターや練り味噌などです。

こうしておけば、「迷子」は防げます。冷蔵庫の見通しがとてもよくなり、みんなのストレスがなくなりました。

こちらは仕事場のキッチン。冷蔵庫の中でもパントリーでも、みんなが使うことを考えて置くことを心がけます。

アートは夫にお任せ

わが家のアート担当は、夫です。30代からずっと自身の店「カストール」を続けていて、50代で店を京橋に移転したときは、内装もインテリアもすべて夫が一から自分で考えて作り上げました。

今の「カストール&ラボラトリー」に飾ってある絵は、サンフランシスコの画廊で見たジョセフ・ヒューーズという画家の作品で、京橋の店をオープンするときに購入したもの（51ページの写真）。夫自身がこの画家に惚れ込み、この作品をどこに飾るかも考えて、店の内装を決めたくらいです。

「カストール&ラボラトリー」でも夫は、真っ先にこの絵を飾る場所を決めました。夫は「家族は誰もこの絵のことを理解していない」と言っていますが、アートは夫にすべてお任せしていますから。

自宅に飾ってある絵も夫が選んだもので、レストランに通ってくださっていた俳優さんが描いた作品。なかなか素敵な絵です。

美的センスは私より夫に分があります。片付けに関しても夫のほうが上手で、ガサツな私はよく注意されます。以前、出先から書類を届けてほしいと電話があったときも、言われた場所にしっかりファイルに入れて置いてあって感心しました。

どこの夫婦にも、それぞれの役割分担があります。わが家では、家事は私が中心でやってきましたが、アートは夫の独壇場。私は一切、口をはさみません。

夫に任せる部分は、完全に任せ切ってしまうと自分の仕事を減らすことができます。言いたいことやりたいことを我慢しているのではなく、任せることで、私も楽をしています。

2章　ゆっくり選んでいく「モノ」

ゆっくり選んだベッドはシングルのマットレス2つ

いまのコンパクトなマンションに引っ越すときに、本当にたくさんのものを処分しました。広さが半分以下になるのですから、ものも半分以下に減らさなくてはいけません。知らず知らずのうちにため込んでいたものたちの多くは、なくても困らないものでした。

生活に必要なものはそれほど多くはないとわかって、もっと、もっと、という物欲のようなものともうまく距離を置けるようになっています。何かが欲しいと思ってもすぐに飛びつくのではなく、本当に必要なのか、ないとどれくらい困るのかを考えるようになったのです。

だけど、買うことを我慢しようとするのではなく、自分や家族が快適になるものは、しっかり吟味したうえで買っています。

今の家に引っ越して以来、一番大きな買い物は、ベッドです。前のベッドは30年くらい使いましたから、これから買うベッドもそれくらい使うことになるだろうと、夫と一緒に国内メーカーのものから輸入品までたくさん見てまわりました。

ベッドはやはり寝てみないとわかりません。年齢や体型、性別や筋力などでも合うものが違います。だから店舗で横になっては確かめて、自分たちに合うものをじっくり探しました。

あまりにこれまで使っていたものと違うものを選ぶと慣れるのに時間がかかるというアドバイスもあって、前に使っていたウォーターベッドに近い、低反発のベッドも試しましたが、最後に選んだのは、フランスベッドのリハテックというシリーズのマットレスです。

ブレスエアーエクストラという素材を使っていて、体重を押し返してくれるので楽に起き上がれること、通気性がいいことが決め手になりました。この先、年齢を重ね

人生に占める睡眠時間の長さや健康を考えれば、多少奮発しても投資になります。目覚めもよくなりました。

ればベッドにいる時間が長くなり、場合によっては一日中横になることもあるだろうと考えたからです。

私にとってうれしかったのは、ダブルベッドではなくシングルのマットレスを2つにして、夫と私、硬さの違うマットレスにしたことです。検討していて、夫は硬め、私は柔らかめのマットレスが合うことに気がついたので、どちらかが我慢するのではなく、それぞれがそれぞれに合うものを買えて、とてもよかったと思います。年齢のことを考えれば、これは私たちにとって最後のベッドになるのかもしれません。

そして、こんなに何かをじっくり2人で考えて選んだのは、初めてのような気がします。これまでは勢いのあるほう（ほとんどの場合は夫です）が、ぐいぐいとことを運んでいましたが、お互いに心と時間の余裕ができたのです。

ベッドが届いた最初の日から、ぐっすりと眠れました。

処分するより再利用を考える

買うことと同じくらい、捨てることにも慎重になっています。不用だと思っても一歩引いて、ほかの使い道はないかと考えるようになったのです。

自宅で使っている椅子は、イタリアのインテリアブランド、カッシーナのものです。とてもいい椅子で、夫のレストランで使っていたものをそのまま自宅にもってきたので、もう30年近くになります。座面がかなりくたびれていたのですが、骨組みはしっかりしていますから、処分するのではなく座面を張り替えることにしました。費用は安い椅子を買うくらいかかったのですが、新しく生まれ変わったのですからいいのです。張り替えは今回で3回目になります。

インテリアは夫が主体になって選ぶことが多いのですが、これは私が娘に相談して

椅子の張り替えひとつでリビング全体がとても明るくなりました。毎日座るのが楽しくなります。

祖母から譲り受けた明るい飴色のかんざしと、片方なくしたシャネルのイヤリング。ブローチとして活き返りました。

生地の見本を取り寄せ、色は暖色系に決めました。とても気に入っています。

捨てることで気持ちが軽くなると気づいてから、どんなものでも思い切りよく捨てるようになりました。

だけど、ものが減るのはいいことばかりに、よく考えないで捨ててしまうこともあって、あとになって、捨てなくてもよかったのではないかしら、と思うこともありました。

そこで髪につける和装用のかんざしや片方なくしてしまったイヤリングは、ブローチがわりに使っています。

もう使わないからとあっさり捨てるのではなく、何かに使えないかと楽しんで考えてみるのです。今はそうやって、応用力をつけているので、捨てるときはもう十分、使い切ったと満足できるようになりました。

ものを大事にすることが、少しずつ上手になっています。

10年使いたい革財布

今使っている財布は、南青山の仕事場に向かう途中にあるスパイラルマーケットのショップで見つけた、RHYTHMOS（リュトモス）というアトリエの革財布です。財布を買い換えたいと思っていたときに、ちょうど目についたものです。

若いころは、仕事も家事も忙しく、じっくり選んでいる時間がありませんでした。いつも何かに追われていて、買うなら今しかない、次はいつ買いにこられるかがわからない、と急かされるように買うこともありましたし、それほど必要ではないものを、衝動的に買ってしまうこともあったのです。テレビの通販チャンネルやインターネット通販で、よく確かめもせず買って失敗したこともありました。

だけど今は、本当に必要なもの、本当に自分が気に入ったものをゆっくり選ぶようにしています。途中で使いにくく感じたり、なんとなく飽きてきたりして、2、3年で買い換えるより、買ったものをできるだけ大切に、長く使いたい。

この財布も、サイズも手触りもとてもよかったのですが、本当にこれがいいのか、すぐに飛びついたりせず、時間をかけて考えました。

メーカーのサイトをチェックしてみたら、どんな人たちがどんな想いで作っているかがよくわかりました。この人たちが作ったものなら、ずっと使えるだろうと信頼して、買うことに決めました。

素材は牛革で、張りも厚みも私にはちょうどいい。ジッパーがついていて開け閉めはとても滑らかでお札やコインを取り出しやすく、詰め込んでもみっともないようなふくらみ方はしません。色合いも気に入っています。革製品ですから、きっと使っていくうちに飴色に変わっていくでしょう。それも楽しみです。

私なりにじっくり考えて選んだ財布。これから、ずっと長く使い続けたいと思っています。

鹿児島で皮革製品を扱うアトリエRHYTHMOS。デザインから縫製まですべて自分たちの手で行っています。

シャツの楽しみ

暮らしを小さくしたときには、服をたくさん処分しました。そのときに気がついたのは、2~3回着ただけで飽きて着なくなってしまった服が意外とたくさんあることです。確かに、よく考えずについ気分で買ってしまうことがありました。

しばらくは、白いTシャツを定番のように着ていました。シンプルで飽きがこないものが一番、と思ったのです。だけどずっと続けていると飽きてきます。気を使わなくていい反面、おしゃれをする楽しみもなくなってしまうのです。

そこで着るようになったのが襟付きのシャツです。1枚ずつ色や柄が違うので、今日はどれを着ようかと選ぶことから楽しいですし、ニットのセーターよりもおしゃれに見えるところもいい。シャツは、アイロンがけが面倒と思っていましたが、アイロンを買い換えて以来、それも苦ではなくなりました。

シャツは、背筋が伸びていないと美しく見えませんから、姿勢を気にするきっかけにもなっています。

シャツの下にはくのは、パンツが定番です。以前はスカートをよくはいていたのですが、趣味でランニングをするようになって、パンツに抵抗がなくなりました。動きやすいので、今は料理撮影の仕事のときはほとんどパンツをはいています。

一番よくはいているのは、ドゥクラッセの白パンツ。40代以上向けのブランドですから私たちの体型をよくわかっています。

私は通販で買ったのですが、裾直しもやってくれました。私が買ったストレッチ素材のストレートのパンツは、シンプルではきやすく、足がすっきりと見えるので重宝しています。シャツと合わせやすくて、家で洗濯できるところもいいんです。

おしゃれも、私なりに試行錯誤しています。

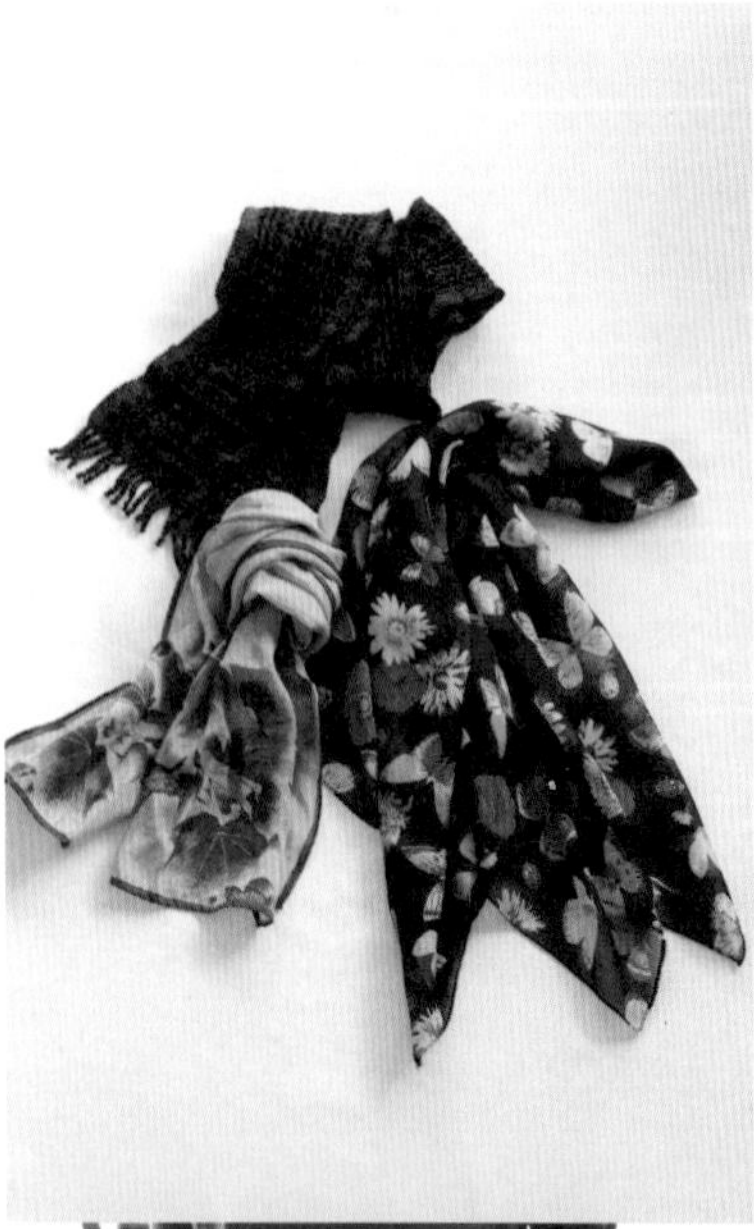

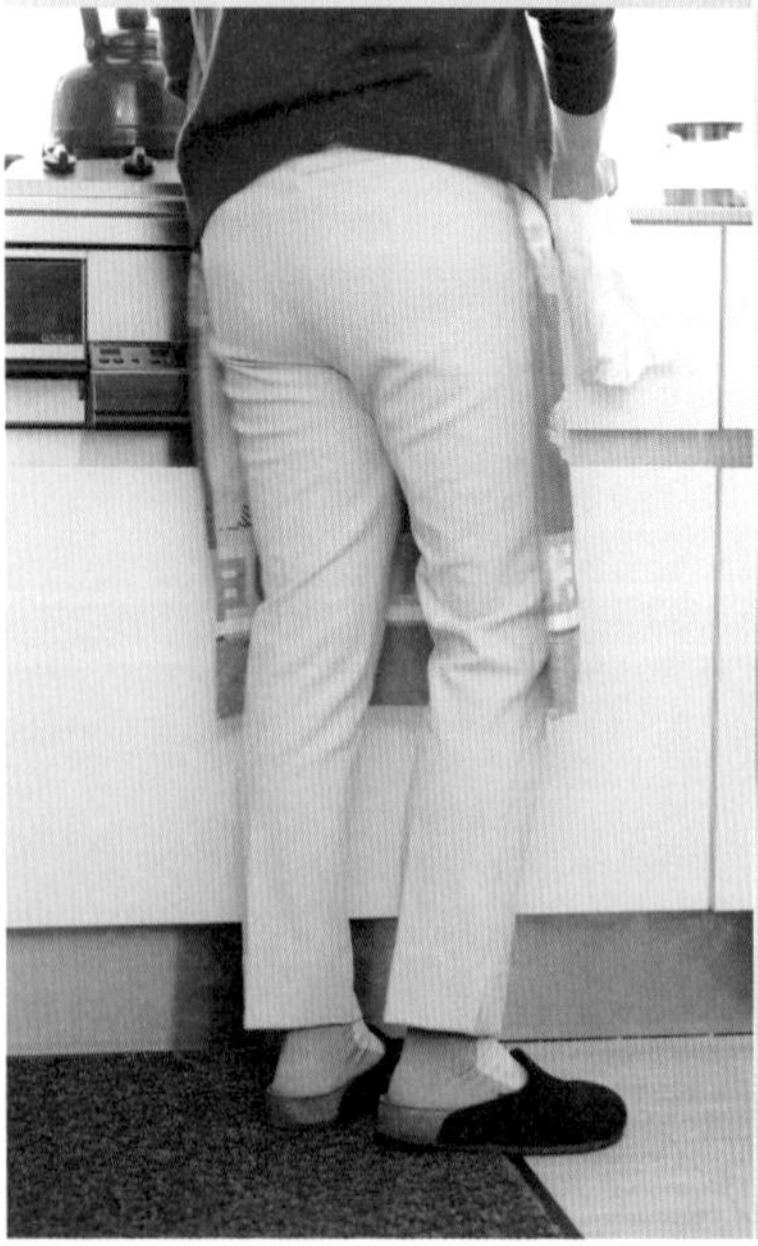

歳を重ねるごとに、地味な色よりも明るい色を選ぶようになりました。シンプルなパンツによく合います。

首まわりにひと工夫

年齢を重ねた女性は、顔の近くや首まわりに何か添えると印象がぐんと華やかになります。イヤリングやネックレスもいいのですが、金属アレルギーのある私が好きでよく使うのは小さめのスカーフです。

イヤリングやネックレスは重いので、仕事のときは邪魔に感じることもあるのですが、スカーフならそんなことはありません。首すじも若いころのようにきれいではないので、さりげなく隠せるところもありがたいですね。

写真（73ページ）のスカーフは、母が作ったもの。母は手仕事が好きで、着物をほどいて器用にいろいろ作るのです。これは表と裏では模様の出方が違っています。シンプルなセーターでも首まわりに何かあると、ぐんと華やかになります。

アロハシャツは自由の証

夫が今、夏に好んで着ているのはアロハシャツです。これまでハワイで買ったアロハシャツを何枚かもっていたのですが、着るのは休暇のときくらいでした。夫なりの美的感覚がありますから、自分で買ってきた服を自分で選んで着ています。肩幅がありシャツが似合うことに加え、派手な色柄が似合う年齢になってきたのでしょう。

仕事場にもアロハシャツを着ていくようになったのは、数年前、仕事のやり方を変えたころからです。自分の店をもち、シェフとしてスタッフをまとめずっと先頭に立って料理の仕事をしていたころは、背負っているものも大きかったでしょう。現在は家族3人で仕事をしていますから、気持ちも軽くなったのかもしれません。アロハシャツを着ている夫はとても自由に、イキイキとして見えます。

常夏の島でよく似合っていたアロハは、夏の東京でも夫を明るく見せてくれます。

パリで購入したKENZOのマフラーと、夫が長年愛用したウプラのバッグも娘にお嫁入りです。

夫が集めていたマネークリップ。早い形見分けをして身軽になったことで、身に着けるものも迷わなくなりました。

少し早い形見分け

自分がもっているものをあらためて見直してみると、実際によく使っているものは限られていることがわかります。食器や調理道具もそうですし、アクセサリーやバッグもそうです。引っ越しのときに、いいものだからととっておいた宝石類やブランドのものも、結局はあまり使っていません。

そこで少しずつ機会をみて、子どもたちに譲っています。少し早い形見分けのような感じです。どれも私たちなりに大切にしてきたもので、買ったときや使っていたときの思い出もたくさん詰まっています。

たとえば、エルメスのケリーバッグ。買ったのは、ニューヨークの五番街、40代のころでした。その日の店員さんとのやりとりや自分が着ていた服まで覚えています。

40代、50代のころは食事会や出版社のパーティーなどでよく使いましたが、もうほとんど使うことがなくなりました。今の私には重くなりましたし、車移動でないので少し気後れしてしまいます。使いたいと思うシーンもほとんどなくなりました。

30代のころに買った指輪とブローチのセットもずいぶん使っていません。仕事を始めて少し余裕が出てきたころに、宝石商をしていたたいとこから買ったもので思い出もありますが、料理の仕事をしていると指輪はほとんどつけません。

夫は、海外でよくマネークリップを買っていました。海外では財布をもち歩くよりも紙幣をマネークリップにはさんでもち歩くほうが安全なので、よく使っていたのです。

そんなふうに思い出のあるものは、なかなか手放す踏ん切りがつかないのですが、もう思い出だけで十分、と思っています。

次はいつ使うかわかりませんし、死んでからでは子どもたちがよろこんでくれる姿は見られません。3人いる子どもたち、息子のお嫁さんと2人の娘は外見や好みがそれぞれずいぶん違っていますから、これは誰にいいかしらと考えるのもいいものです。

アクセサリーは、きっぱりとこれとこれだけと決めて、それ以外は手放すことにしました。残したのは、ネックレスとイヤリングがいくつかと、ペンダント、指輪、ブローチがそれぞれ2つずつです。祖母がくれたペンダント、夫からプレゼントしてもらったブローチなど、自分が今もよく使うもの、気に入っているものだけにしました。数を減らしたほうが頭に入りやすくて有効活用できます。

これまでは、たくさんのものに囲まれていることでなんとなく安心できる気持ちもありました。だけど、あれもこれも余分にありすぎるのも、少し違う気がしています。

そのいっぽうで、もう使わないからと割り切って処分することに、どこかついていけない気持ちもありました。

「これは誰にあげようか」と時間をかけてゆっくり手放すやり方もいいものです。大切にしてきたものをゆっくり手放すことで、感謝しながら、ものへの執着も一緒に手放せます。

作っている人たちを応援したい

何かを買うとき、自分が応援したいと思うものや共感できる作り手の製品を選ぶことが増えています。

siroca（シロカ）という家電メーカーのホームベーカリーを買ったのも、このメーカーに興味をもったから。前に娘たちが、シロカがいいと言っているのを聞いて、気になっていました。まだ若い小さなメーカーで、コーヒーメーカーやオーブントースターなど小型のキッチン家電や生活家電を出しています。

ホームベーカリーを作っているメーカーはたくさんあります。大手家電メーカーの製品なら、大きく外れることはないでしょう。電化製品は自分で試すことができませんから、実績の少ない小さなブランドよりも大手家電メーカーの製品のほうが安心です。

だけど、安易にブランド名だけで飛びつくのではなく、がんばろうとしている新興ブランドを応援したいと思って、シロカのことを調べました。情熱をもって製品開発をしている会社で、ホームベーカリーの性能もしっかりしています。すっきりとしたシンプルなデザインも気に入ったので、これなら、と納得のうえで買いました。早速パンを焼いてみたところ、ムラがなくしっとりとしたいいパンが焼けたので大満足です。そのうち孫たちが来たら、牛乳を多めに使った生地のパンを焼いてあげるつもりです。

アイリスオーヤマのスティッククリーナーも気に入っています。軽量なのでサッと使えて便利です。アイリスオーヤマもいい製品をどんどん作っています。

小さなメーカーの電化製品は、機能を絞ることでよりコンパクトで使いやすくなっているものがたくさんあります。

牛乳や乳製品を作っている、なかほら牧場にも注目しています。岩手県で、牛舎をもたず放牧酪農を行っていて、牛たちを自分たちがやりやすいように管理するのでは

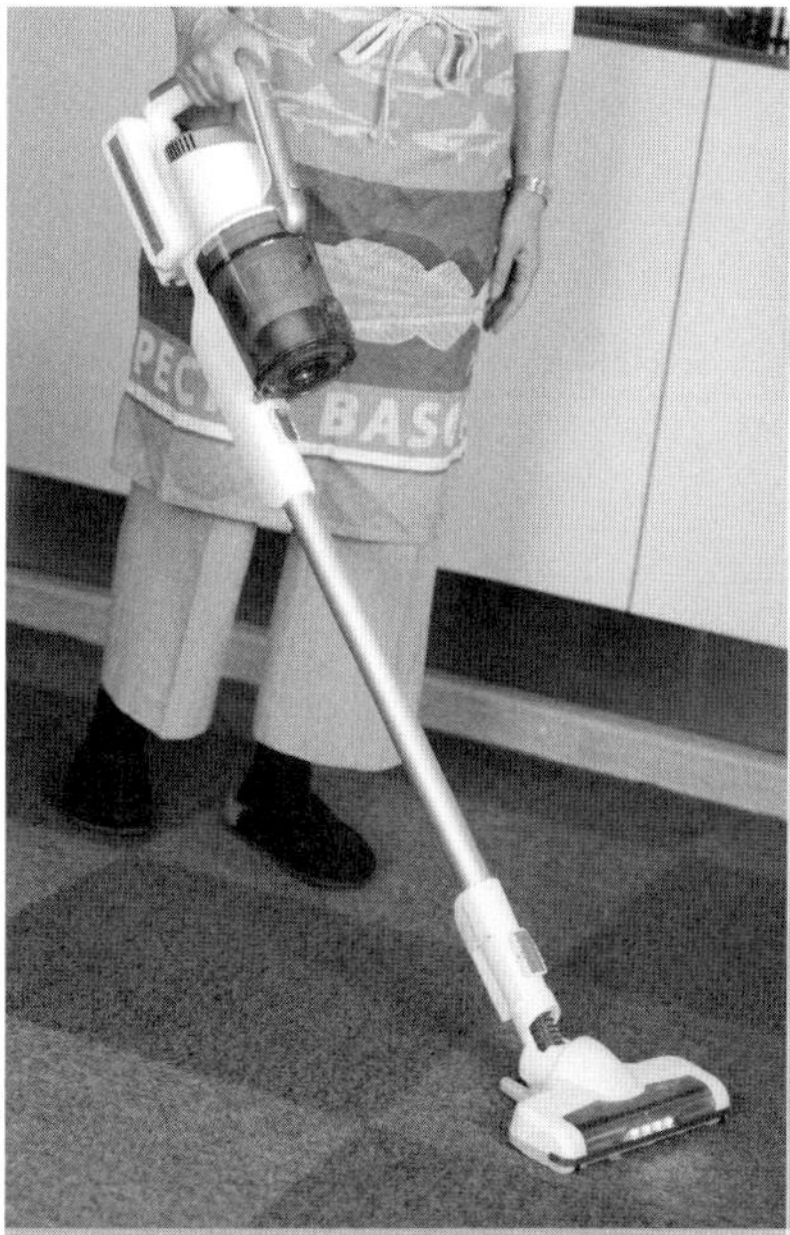

中洞牧場
牛乳
中洞牧場
ヨーグルト
中洞牧場
ヨーグルト
プレーン

siroca

なく、自然のなかで暮らしている牛たちから乳を搾っているそうです。

日本橋髙島屋にショップがあるのを見つけて、買い物帰りにソフトクリームを食べたり牛乳やヨーグルトを買って帰ったりしています。牛乳はまさに「お乳」と呼びたくなるような素朴な甘みのある味わいです。

ミツロウラップは、青山のファーマーズマーケットで買いました。私が使っているのは京都にある会社のアコラップという商品ですが、ミツロウラップはほかにもいろいろ出ています。使い捨てではなく洗って何度も使えます。少しお値段はしますが、「環境にいいもの」も、何かを選ぶとき、買うときの基準のひとつです。

わが家では、家族はきっとこれがラップだとは気づかずに捨ててしまいそうなので、私専用として使っています。

ただ目の前にあるもの、有名メーカーの製品を買うのではなく、小さくてもがんばっているメーカーや作り手を応援したい。買うことを通じて、社会とより密接につながりたい。そんな消費生活で、より心がゆたかになるような気がしています。

もの選びの基準は小さなもの、軽いもの

これまで、何かを選ぶときは機能や品質、ブランドやデザインなどの基準がありました。包丁ならば、使い続けているもの、服ならば、色やデザインが自分の好きなもの、似合うもの、というように。

作り手の姿勢に共感し、応援したくて買うことも増えています。さらに「小さいもの」「軽いもの」という基準も重要になってきました。

できるだけ、簡単で、楽で、疲れないようなものがいいので、大きいものや重いものよりは、小さいもの、軽いものがいいのです。

重いアイロンよりは、軽いアイロンのほうが疲れないですし、いつももち歩く財布も、重くてかさばるものよりは、コンパクトで軽いものがいい。

菜箸や腕時計も現在使っているのは、小さくて軽いもの。まな板も小さなものに、水切りかごもコンパクトになりました。食器は、家族の人数が減り、食べる量も減ってきたので、小さなものを使っています。貴金属のアクセサリーやブランドもののバッグをあまり使わなくなったのは、重くて疲れるという理由が大きいです。もっと軽い素材のものがあればそちらがいい。

「大は小を兼ねる」ということわざは、家族が多いとき、広い家に住んでいるときは、まさにそれを地でいくようなところがありました。

ところが今はそれを逆にして考えると、ちょうどいいくらい。何かを買うときは、本当にその大きさが必要か、もう少し小さいほうが使い勝手がいいのでは、と考えるようになりました。

コンパクトな暮らしでは、部屋の広さやものの量だけでなく、選んでいるもの自体も小さく軽くなっています。

「買う」をいつ決断するか

小さく暮らすようになっても、新たに欲しいと思うものは出てきます。

ひとつは、アサヒのウォーキングシューズ。膝に優しいシューズで、歩き方も自然と矯正してくれると評判です。しっかりと縫製したアッパーと靴底を熱と圧を加えて貼り付けるから安定感があるのでしょう。シューズとしても、ものづくりの姿勢にも興味をもっていますが、必需品というほどでもないし、ビルケンシュトックの靴もいいなと思い始めていて、なんとなく決めかねています。

買うことに慎重になってくると、ハードルがどんどん上がってきます。どんなものなら本当に必要と言えるのか、どのタイミングなら買い換えてもいいのか。ひとつ買ったらひとつ捨てる、くらいの心がまえでと言いますが、なかなかそうスムーズにいきません。

以前は、使う用途が違うから、色違いでもつのも面白い、新しいものも試してみよう、と今よりは簡単にものを買っていました。買う理由がたくさんあったのです。買うこと自体がストレスの発散になることもありました。

今は、慎重にしようと思うあまり、買い換えのタイミングが難しくなっています。まだ我慢すれば使える、というギリギリのラインがどこなのか。次に買うものもあまりにいろいろなものを見すぎると、何がいいのかがわからなくなります。

ずっと使っていたリュックサックも、ずいぶんとくたびれてきたので、そろそろ買い換えようと探していたのですが、なかなか気に入るものが見つかりませんでした。ようやく見つけて夫に相談したところ、「今使っているのと変わらないね」と言われて、なんとなく買いたい気分が消えてしまい、もういいか、といったんそのことから離れました。買うことには、勢いも必要なのです。

そんな私の様子を見ていた娘が、ある日「安くていいのがあったよ」とリュックサックをプレゼントしてくれました。外側にポケットがついていて、キャベツなど大きなものも入るから買い物にも使えて、とても便利で気に入っています。私が見ていたものとはまったく別のリュックですが、これはこれですごくいい。これまで使っていたリュックには「ありがとう」と言って処分しました。娘のおかげでいい出会いと別れができて、感謝です。

相変わらず失敗することもあります。着古してボロボロになっていたフリースを「もういいわね」とその場でヒョイッと捨てたのです。前からそろそろ処分しようと思っていましたから、その判断には問題がないのですが、前に胸につけていたブローチを外してポケットに入れていたことを忘れていました。

気がついたのは、少ししてブローチを探していたときです。突然の別れでした(笑)。おっちょこちょいな性分は、なかなか変えられませんね。

今もたまに失敗したり、周りの親切に助けられたりしながら、私なりのペースで買ったり捨てたりしています。

ものとゆたかに暮らす

一度思い切って「本当に必要なものしか買わない」と決めたことがありました。日本の恵まれた環境に慣れて、ついものを必要以上に買ってしまうような習慣をあらため、本当に必要なものだけを買うということに、トライしてみたかったからです。買うのは食料品や洗剤、ティッシュペーパーくらい。化粧品や文房具はそれほどすぐには減りませんから、消耗品を補充するだけになりました。

だけど、それではなんだかつまらない。やはり何かを買うことで得られる楽しみもあります。気に入ったものを手にするのはうれしいですから。そこでもう少し枠を広げることにしました。

私が暮らしに望んでいるのは、「心ゆたかに生きること」です。日々の生活を楽しんで、生きがいのある暮らしをすること。ものを減らしても、ものを買わなくても、それがゆたかさにつながらないのであれば、意味がありません。

節約しよう、ムダを減らそうと思うあまり、ものにとらわれてしまうこともあります。行きすぎると、絶えずこれは必要かどうかと、まるで裁判にかけるように考えてしまうのです。そこからは、何も生まれません。幸せな気持ちから遠ざかってしまうような気がするのです。

ものを増やすも減らすもその人次第。ものとどんな付き合い方をするのか。たくさんのものとどんどん出会ってエネルギーを受け取る人もいれば、本当に気に入ったものと深く長く付き合うことが上手な人、必要なものがよくわかっていて、少ないものでゆたかに暮らす人もいます。

暮らしを小さく慎ましくしても、惨めにならないようにするには、どうすればいいのか。心がゆたかになるものとの付き合い方を、これからも考えていきたいと思っています。

3章

がんばらない料理

料理はがんばらなくていい

家にいる時間が増えて、毎日、少しゆとりをもって料理を作るようになりました。一日の流れに身をゆだねながら暮らしていると、食事の時間が近くなればお腹がすいてきて、自然とからだが動きます。今日はあれを作ってみようと思う日もあれば、今日は疲れているからこれでいいと思う日もありますが、それが普通です。

以前は、義務感に追い立てられるように料理を作ってしまうことが私にもありました。そういうときは、今日は何を作ればいいかしら、美味しくできたかしら、とお皿の中のことばかりが気になって余裕がなくなってきます。

だけどシニア世代は、もうそろそろ、そういう義務感から解放されましょう。たとえ料理が得意でなくても「私は料理が下手で……」と言い訳しなくていい。経験もあって、度胸もついていています。お金や時間、健康や家族の状況は人それぞれですが、何かに縛られておどおどするより、やりたいようにやったほうが楽しい。

いつも作っている豚肉のしょうが焼きを「しょうが焼きしか作れなくてごめん」と差し出すのではなく、「さあ、できたわよ」とニコニコしながら食卓に並べれば、家族は楽しい気分になります。

余裕があれば、盛り付けを変えてみるとか、季節に合わせて付け合わせを工夫してもいいですし、いつもと違う部位を使ったり、違う店で食材を買ったりするだけで変わることもあるはずです。それでいつもより味が落ちたとしても「ごめんね」と笑って言えば、長い付き合いですから家族もそれほど責めません。

マンネリはダメ、工夫しよう、とキムチ味のしょうが焼きを作っても、きっと「いつものほうがいい」と言うでしょう。

料理の写真を毎回のように撮ってSNSにアップしていると、食べてくれる目の前の人より、見えない誰かのことばかり気になります。このいんげんは美味しそうに見えるかしら、というように。

たまにはそれもいいのですが、やはり料理は目の前にいる人のためのもの、生活の一部です。

キッチンからいい匂いがしてきて、早く食べたいと待っている人がいる。テーブルで会話を交わしながらごはんを食べる。そんな日常の光景にあるゆたかさを大事にしたい。

天災がきて、突然、平和な日常が失われることもあります。それでも目の前にあるものを満足して食べていれば、いつかまた日常は戻ってきます。

食事は、暮らしのほんの一部のこと。大げさに考えなくてもいい。この年齢になってようやく日常のありがたさがわかるようになってきました。

軽めの夕食なら居酒屋メニューで

レストランをやっていた夫は、昼も夜も店で食べていました。休日は、研究の意味もあって外に食べに行くことが多く、夫が私の手料理を食べるようになったのは、わりと最近のことです。

最初は緊張しました。どういう料理が好きなのかもよくわからなくて、何を作ればいいのかと戸惑ったのです。

勘違いもありました。レストランでは仕事がハードな分、賄いも肉料理などカロリーが高めの料理が多かったので、餃子も、さっぱりした水餃子より油を使う焼き餃子が好きだと思っていたのです。

ところが、レストランの賄いでは匂いの強いものは作らないから、焼き餃子はあまり食べなかったらしく、水餃子のほうが好きだと最近、知りました。

「早く言ってくれればよかったのに」と笑ったのですが、今もまだ、夫の好みを完全には把握し切れていなくて、「それは食べたくない」ときっぱり言われることもあります。体調にもよりますし、好みは人それぞれですから、長く一緒に暮らした夫婦でも合わせるのは難しい。

食べる量は以前より少し減っています。1日3食をきちんと食べるというよりは1日2・5食くらい。2食はきちんと食べて、1食はおかずだけ、麺を半分くらいでちょうどよくなりました。

昼にしっかり食べたから、夜は軽めでいいというとき、夫がよろこぶのが「居酒屋メニュー」です。用意するのは、酒のつまみのような小さくて簡単に出せるメニュー。夫はお酒をまったく飲まないのですが、いろいろと食べられるのがいいみたいです。私が疲れているときでも楽に作ることができます。

調理時間が少ないもの、ほとんどないもの、たとえば、板わさや、夫が好きな缶詰のさんまの蒲焼、にらたま、きゅうりの甘酢漬けなどを小さな器に盛り付けてテーブルに並べます。夏はところてんもいいですね。

板わさに使うわさびは、安いときに1本買って冷凍しておくと、取り出してそのまま下ろせますから便利です。すべて買ってきたものではなく、1、2品だけサッと作れるものも並べると栄養のバランスもよく、味の偏りも防げます。

にらたまは、栄養のバランスがよく、手軽なのでわが家ではよく登場します。

作り方は、①にら1把を4㎝長さに切り、卵2個は溶きほぐす。②フライパンにサラダ油大さじ1を入れて、にらをサッと炒める。軽く塩・こしょうをする。③しんなりしてきたら、卵を回しかけフライパンをゆすり半熟にする。皿に盛り、好みで中濃ソースをかけます。

無理のない範囲で作ることができる、わが家の満足ごはんです。

忙しい日の楽しみは駅弁

大人3人暮らしの食生活のいいところは、縛りが緩くなったことです。子どものためにこうしなくては、仕事のためにこうしよう、という決めごとが減って、さらに私も家族もお互い、できないことはできないで済ませられるようになっています。

仕事の関係で帰りが遅くなるときは、母には先にひとりで食べてもらって、夫と私はその日の体調次第ということも増え、毎日しっかり晩ごはんを作る、というプレッシャーからは解放されています。外で食べようか、疲れたから何か買って帰ろうか、というとき、夫はきちんと作ったものが食べたいタイプですから、外食も好きなのですが、私は疲れていると家で簡単に済ませたいと思うことも。

そんなときによく利用するのが駅弁です。東京駅構内に、全国から取り寄せた駅弁が買える駅弁専門店があって、たまに立ち寄っています。

私は、子どものころ家族で列車に乗ってよく旅に出ました。昼ごはんは決まって駅弁。家庭の食事ともレストランの食事とも違う駅弁には、独特の楽しさがあります。

結婚してしばらく駅弁からは遠ざかっていたのですが、引っ越しを機に、車を手放し、列車に乗る機会が増えたことから、駅弁をまた食べるようになりました。大人になってあらためて食べてみると、地元の名物を使ったもの、ロングセラーのものも多く、どれも個性があって美味しいのです。美味しいものが大好きな夫もよろこんでくれます。私の好みは、おかずがいろいろ入っている幕の内弁当よりも鯛めしや柿の葉寿司、焼肉弁当などの一品もの。夫は崎《き》陽《よう》軒《けん》のシウマイ弁当が気に入っています。

駅弁ですから、器に移したりする必要がありませんし、温めなくても美味しくいただけて、家に帰ってすぐに食べられるところも手間いらず。

手軽なのに特別感があって家族で楽しめる駅弁は、とてもありがたい存在です。

家でごはんを食べたい気持ちと、疲れて手の込んだものは作れない気持ちの折衷案で居酒屋メニューになりました。

王道の崎陽軒シウマイ弁当、鶏めしで有名な高崎弁当、国技館のやきとりなどなど、お店では毎回迷ってしまいます。

なんてことない普段のおかずも、お弁当箱という仕切りの中にきれいにおさまると食欲をさそうから面白いものです。

不在のときは夫用「留守番弁当」

夫が体調を崩した時期があって、家にいる時間が増えました。私が夜まで仕事が入っているときは、ひとりで晩ごはんです。料理人とはいえ、家では、自分でひとり分のごはんを作ることはほとんどありません。かといって、自分でお惣菜を買ってレンジで温めたりすることは、ハードルが高そうです。

そこで夫用のお弁当を用意することにしました。これならワンボックスにすべておさまっていて食べやすいですから。おかずは、前日の残りものや作りやすいもの。おかずが短時間で簡単にできるものでないとお弁当作りは続きません。ただそればかりだと貧弱なので、なるべく彼の好きなものも作るようにしています。そして弁当箱はちょっと上質な木のお弁当箱に。そこがコツです。

定番のおかずをレシピと一緒に紹介します。

卵焼きは、①卵1個を溶きほぐし、砂糖大さじ1、塩少々、牛乳大さじ1を加えてよく混ぜ合わせる。②温めたフライパンにサラダ油を入れて1を焼く。③ラップやペーパータオルで包み、冷めるまで置いておく。

鶏の照り焼きは、①鶏もも肉½枚の筋を切り、厚いところは切れ目を入れて広げる。②フライパンに油少々入れて1の皮目を下にして火にかけ、皮がきつね色になるまで焼く。裏返して、砂糖、醬油、酒、水各大さじ1を加え蓋をして2分ほど蒸し煮にする。③蓋を取り、汁を煮からめ、冷めたら食べやすい大きさに切る。

ピーマンのじゃこ炒めは、①ピーマン2個は種を取り細切りにする。②フライパンにサラダ油大さじ1を入れて、適量のじゃことピーマンを炒める。③ピーマンがしんなりしたら、酒、醬油各大さじ1を加えからめる。

ごはんには佃煮や甘酢しょうが、きゅうりの漬物など家にあるものを添えます。お弁当箱は自分で洗っておいてくれるので助かっています。

作り置きのポイントは3つ

先述したようにあまり作り置きはしなくなったのですが、忙しいときには作っておけば助けになりますし、お弁当のおかずにも便利。ポイントは、3つです。

ひとつは、常備野菜を使うこと。きゅうりやにんじん、キャベツなどいつも冷蔵庫にあるものならば、思いついてすぐに作れます。

次は、シンプルな塩味にすること。濃い味やスパイスなど個性的な調味料を使うと飽きやすいので、作り置きなら塩味をおすすめします。

3つ目は、作りすぎないこと。食卓に何度も出しているとだんだん箸が進まなくなりますから、1~2回で食べ切るくらいの量がいいでしょう。

保存期間は、それぞれ冷蔵庫でだいたい3、4日です。

塩きのこマリネは、パスタの具材やスープなど和、洋、中と応用範囲の広いおかず。きのこのうまみがよく出ています。

キャベツとにんじんのコールスロー

材料(作りやすい分量)

キャベツ1/4個(250g)
にんじん1/2本(50g)
マヨネーズ大さじ3
砂糖小さじ1
酢大さじ1/2
塩小さじ2/3(4g)
★塩は野菜の分量の1.5%くらいが目安

作り方

① キャベツは芯を取り1枚ずつはがす。縦に切り、2~3枚を重ね、軽く巻いて横2㎜幅に切る。
② にんじんは薄切りにしてからせん切りにする。
③ ①と②をボールに入れ、塩を加え混ぜ合わせる。10分ほど置いてしんなりしたら水けをぎゅーっと絞る。
④ マヨネーズ、砂糖、酢を加え和える。

塩きのこマリネ

材料(作りやすい分量)

しめじ、えのき(ほかにしいたけ、エリンギ、なめこ、まいたけなど)計500g
塩小さじ2
酢小さじ1

作り方

① きのこはそれぞれ石づきを取りほぐす。
② 鍋に湯を沸かし酢を加える(きのこの香りがよくなります)。
③ きのこを順に加え、サッとゆでざるにあげ、よく水けを切る。
④ ボールに入れ塩を振りそのまま冷ます。保存容器に入れ、1時間くらい置く。一晩置くとより美味しくなる。

きゅうりのレモン漬け

材料（作りやすい分量）

きゅうり3本
塩小さじ1
酢大さじ1と1/2
砂糖大さじ1
レモン（薄切り）2〜3枚

作り方

① きゅうりはへたを切り斜めに細かく切れ目を入れる。下まで切らないようにする。裏返して同様に斜めに切れ目を入れ、3cm長さに切り蛇腹きゅうりにする。

② ビニールの袋に入れて、塩を振り軽くもむ。そのまま10分ほど置いておく。

③ 水けが出ていたら袋ごと絞り水分を捨て、酢、砂糖、レモンの薄切りを加える。

★ レモンは、国産なら皮付きのままで。ゆず、かぼすなどでも可。

★ 蛇腹きゅうりにすると食べやすく早く味が入ります。切るのが難しいときは、たたききゅうりでも。

残り野菜はなんでもスープに

使いかけの野菜がたまるとスープにします。家族が多いときは、冷蔵庫に野菜がいっぱいあると安心という感覚でしたが、今は、しっかり使い切ってガランとした冷蔵庫を見ることによろこびを感じるようになりました。

このミネストローネも冷蔵庫に使いかけの野菜があるときにいいメニューです。使うのは、洋野菜でも和野菜でも構いません。自宅にある野菜を組み合わせて使ってください。ごぼうやじゃがいも、玉ねぎ、きのこ、トマトなどを使うと味に深みが出ます。だしになるのは、ベーコンやウインナー、ひき肉など。

野菜の甘みを感じる優しい味のスープです。

わが家で残り野菜が出てきたときの定番メニュー。なんだかホッとする味です。

残り野菜のミネストローネ

●材料（2人分）

ベーコン3枚
玉ねぎ1/2個
にんじん小1本
キャベツ1/8個
ごぼう10cm
コンソメスープ600ml
（水600mlとスープの素1個）
塩、こしょう各少々
オリーブ油大さじ1
トマトケチャップ大さじ2

●作り方

① ベーコンは1cm幅に切る。玉ねぎ、にんじん、キャベツはそれぞれ1cm角に切る。ごぼうはたわしでよく洗い、輪切りにする。
② 鍋にオリーブ油を熱し、ベーコン、玉ねぎ、にんじん、ごぼうを中火で炒める。全体に油が回ってきたらキャベツを加え、さらに5分ほど弱めの中火で炒める。
③ スープを加える。
④ 煮立ったらアクをとり、弱火にして15分煮る。
⑤ ケチャップを加え、味をみて塩、こしょうで味をととのえる。火を止めて野菜の甘みを出す。

女子会ハンバーガー

気のおけないランニング仲間と月に1回ほど集まっておしゃべりをしています。そのときに、私がお昼ごはんを作るんです。料理の試作にもなりますから。友人の自宅のキッチンで作るという、いつもとは違うシチュエーションを楽しんでいます。

そんなとき、みんなから好評だったのがこのハンバーガーです。

パテはビーフ100%。つなぎは一切入れませんから、なかなか食べごたえがあります。調味料も塩とこしょう、あればナツメグくらいといたってシンプル。

こんなとき私は、ポテトチップスとコーラを添えて、アメリカンスタイルで楽しみます。

女子会ハンバーガーも近所でのピクニックも、手の込んだものよりパパッと作れるものを。話す時間を楽しみます。

ハンバーガー

◎材料（2個分）

牛ひき肉（赤身）240g
塩小さじ½
こしょう適量
ナツメグ適宜
トマト（輪切り）2枚
玉ねぎ（輪切り）2枚
バンズ2個
サラダ油小さじ1
チーズ好きなだけ
マスタード、ケチャップ適量
レタス、アボカド、ピクルス、ポテトチップス各適宜

◎作り方

① パテを作る。牛ひき肉をボールに入れて、塩・こしょう、好みでナツメグを加え、練らないようにさっくりと混ぜる。2つに分け、丸く平らにまとめておく。
② トマトは輪切りにする。玉ねぎは5㎜の輪切りにする。
③ バンズは横半分に切り、フライパンで切り口をほんのり焼いておく。
④ フライパンにサラダ油を入れて、パテを焼く。フライパンの空いているところで玉ねぎを焼く。両面を中火で焼いて弱火にして途中蓋をして2〜3分ほど焼いて、パテにチーズをのせる。
⑤ バンズの下部分にマスタードを塗り、玉ねぎ、パテ、トマトをのせ上部分をのせる。ピックで押さえる。
⑥ 皿に盛り付けて、トマトケチャップを添える。好みでレタス、アボカド、ピクルス、ポテトチップスなどを添えても。

家族の集合場所は「青空リビング」

引っ越すときに心配だったのは、家族が集まりにくくなることでした。私たちには、子どもが3人、孫が4人いて、配偶者を入れると10人以上の大所帯。みんなで集まるには、それなりの広さが必要だと思っていました。

ところが、やればなんとかなるもので、行事のときはレストランに行ったり、仕事場を使ったりすればいいですし、普段の集まりは、近くを流れる川沿いでピクニックをすると、孫たちは大よろこびです。外は大声を出しても叱られないし、自由に走り回ることができますから、孫たちにはもってこいの場所、わが家の青空リビングです。毎回、来ると「今日は外で食べる?」と聞いてきます。こんな楽しみ方もあるのです。

手の込んだものは作らなくても、卵焼きやソーセージ、唐揚げや枝豆などをお弁当箱に詰めて外に出るだけで、とても気分がウキウキとします。普通のおかずもお弁当マジックで特別なものに見えるのです。料理が足りないときは買ってきてもいいですし、「自宅に全員が集まる」「全部、手料理でもてなす」という縛りをなくせば、いろいろなやり方で集まることができます。

夫は月に1回は孫との時間をもちたいようで、どこかに連れていったり、食事に行ったり、あるいはうちの青空リビングに集まったりしています。

娘は仕事をもっていますから、忙しいときは私が家に行って子どもの世話をしてあげるようなおばあちゃんになりたいと思っていました。私もずいぶんと母に助けてもらったのです。だけど今だに仕事が忙しく、なかなかそういうことができません。

だからせめて孫たちに、一緒にごはんを食べる楽しい時間をプレゼントしたい。今、よろこんでくれるのは、コーンごはんやコーンスープ、ミートボールでしょうか。これから成長とともに好きなものも変わっていくでしょう。それもまた楽しみのひとつです。

暮らしをコンパクトにしてから、ふらりとお散歩したりお弁当をもって外でランチをしたりすることが増えました。

家のごはんでからだを整える

家で食べるごはんは、外で買ってきたもの、外で食べるごはんとは違って、からだの調子に合わせて作ることができます。

疲れているときは、ボリュームを落として消化のよいもの、寒いときは、温かいだしのもの、しょうがを使ったりあんかけにしたりしたからだが温まるもの、というように。

疲れているときはマッサージに行ったりしますが、実は一番疲れているのは内臓ということもよくあります。断食などをすると元気になるのもそうです。そこまでしなくても、食事でからだの内側から整えることで元気になることはよくあります。

わが家では、そんな想いもあってヨーグルトと煮小豆を常備しています。家族みんながが好きですし、からだを整えることにも役立つ食材です。

ヨーグルトは、私はケフィアの菌を買ってきて自分で作っています。ケフィアは、ロシアのコーカサス地方の伝統食で、市販のヨーグルトは毎日食べていると飽きるのですが、これなら大丈夫。規定の分量の牛乳を加えて一晩おけば、完成です。

煮小豆は、小豆を2～3回ゆでこぼしてから砂糖を加えます。小豆100gに対して、砂糖は50gくらい。私は砂糖なしが好きなので、砂糖を加える前に自分用を取り分けておきます。

煮小豆はヨーグルトに入れたり、パンにのせたりして食べます。小豆は食物繊維が多く便秘にも効きますし、ポリフェノールも豊富。腹もちがいいので、ごはんがわりに食べることもあります。

食生活は、いかにからだの声を聞いて食べるかが大切です。仕事柄、これまでいろいろなものを食べてきました。好奇心いっぱいで、あれも食べたい、これも食べたいと思っていたのです。

今ももちろん好奇心はありますが、季節の定番の料理を美味しく食べたい気持ちも強くなっています。春にアクの強い野菜や山菜を食べるのは、アクの刺激でからだを目覚めさせるため。夏野菜のきゅうりやゴーヤに利尿作用があるのは、体内の水分を調節するため。

昔から日本人が食べてきた季節の料理には、その時期のからだにぴったり合うものが多いのです。

からだが疲れていると思ったら、消化のいいものを食べたり、食事を減らしたりしてゆっくりするのが一番。毎日の献立に頭を悩ませるより、目の前にある食材を素直にいただいていれば、健康でいられます。

食事を小さく、軽くすると、からだの内側から元気になっていくのです。

日常のごはんも特別な日のおやつも、食は家族や私のからだを作ってくれる大事なもの。すべての基本です。

美味しいものとの出会い

とても美味しいクッキーをいただきました（123ページ右下の写真）。東京の麹町駅近くにある村上開新堂というお店のクッキーで、明治時代からのレシピで作られています。人気の商品で紹介制販売のみのため、なかなか貴重なクッキーです。

このクッキーの美味しさは、原料の小麦粉をゆっくり焼くところにあると思います。料理も時短を求められることが多く、クッキーも短い焼き時間で仕上げたものが多いんです。ゆっくり焼くと水分が蒸発して、香ばしく、歯ざわりのよいクッキーになります。だから小麦の味がするのでしょう。

ほかの材料にしても、このクッキーはしっかりバターを使っていますが、コストのことを考えてショートニングなどバター以外のものを使っているものもあります。それだと食べたときに口がベタつくのです。このクッキーがサラッと食べられるのは素材がいいからでしょう。缶の詰め方もとても見事です。隙間がないからもち運んでも崩れたりしません。そんなところにも時間をかけてていねいに仕上げていることがわかります。

食べものには本来の美味しさがあります。それを知ったときのよろこびと言ったら何にも代えがたいものがあります。

スーパーで見かける塩鮭も、甘口・中辛・辛口とどれも美味しいのですが、辛口の塩鮭は塩がうまみを最大限に引き出していて、鮭本来の美味しさを味わいたいときに選びます。

魚は、産地や時期によってまるで味が違うので、やはり目利きを頼るしかありません。私たちから近いところで言うと、仕入れ業者です。いい仕入れ業者が納めている店には、いい魚が入っています。デパートにしてもスーパーにしてもそうです。

東京のデパートでも私は魚を買うデパートを決めていて、いい魚を使いたいときは決まった店に行きます。閉店間際のタイムセールになった魚を買えたときはちょっとうれしく、家族に自慢してしまいます。

近所に何軒かスーパーがあれば、魚に強いスーパーとそうでないスーパーでは扱う魚が違っていますから注意してみてください。いつも眺めていると、その日に売りたいいい魚もわかるようになってきます。ただし天候の関係でいい魚が入らない日もあり、そういうときは私はあきらめて肉料理にします。

たとえばいい魚を見分けるには、皮の色合いと艶をチェックしてください。水っぽいものよりつやつやしたもののほうがいいです。切り身は皮の色のいいものを選びましょう。

野菜や果物も色合いと艶でわかります。バナナなら美味しいのは太くて重いもの。本数が多いものを選びたくなりますが、味だけでいうと、太いもののほうが美味しい。イチゴも粒が大きいもののほうが、味がしっかりしています。

食べものに関しては、大きなもの、重いものに分がありそうです。食べもの本来の美味しさに出会うと、からだの芯からうれしくなります。

シニア世代は自信をもって「あたり調理」で

家で味噌汁を作るときは、だいたいいつも同じ鍋を使って、水や味噌の分量を計ったりしなくても同じ味になります。

作り慣れた料理はどれもそうです。肉じゃがもいちいち調味料の分量を計らなくても同じ味になります。

自分なりの感覚があれば、レシピをひとつひとつ確認しなくても料理が作れるので、私は砂糖の容器には大さじ、塩の容器には小さじを入れておいて、この料理には砂糖2杯、塩はこのくらいと覚えています。さらに家のお玉1杯の分量も90㎖と知っておくといちいち計らなくていいので料理がやりやすいです。

定番料理の調味料の目安を覚えておくといいですね。

肉じゃがなどの甘辛い煮物は、砂糖と醬油は同量か、醬油が少し少ないくらい、きんぴらは、砂糖と醬油が同量。ドレッシングの酢と油の割合は1対2〜3、甘酢漬けは酢100㎖に砂糖が大さじ3。

それを基準に、もう少し甘さを控えようとか、好みに合わせて調整して自分の味を作ります。そんなふうに覚えておくと、いちいちレシピを見なくて済むので料理が楽になります。

ほかにも茶碗蒸しなら、だしは卵の量の2・5倍、同量だと卵豆腐になります。卵豆腐のだしを生クリームに変えれば、洋風の濃厚なフランという料理になりますし、生クリームと牛乳を半々にすれば、少しさっぱりした料理になります。生クリームも乳脂肪分の割合によって味が変わりますが、それはそれで面白い。

中にハムやチーズを入れるならさらに味が濃厚になりますから、その場合は、生クリームよりむしろ牛乳でもいい。

完全にレシピ通りにしなくても、基本の配合だけを守れば、あとは家にあるものでアレンジしても美味しくできるんです。

生クリームがないからとわざわざ買いに行くより、家にある牛乳を使えばいいですし、チーズがあるならそれを足せば濃厚になります。

料理本のレシピを見ていると、全部揃えなくてはダメという気分になりますが、レシピはあくまで提案です。こうすると美味しく作れますよ、とお伝えしますが、必ずしもその通りにする必要はないのです。自分流にアレンジすれば、もっと気軽に料理ができますし、意外とこのほうが好き、という発見があるかもしれません。

「私、ずっと料理が苦手なんです」と言う方に、いつも私はお話ししています。もう何年も料理を作り続けてきたなら、大丈夫ですよ、と。基本だけ押さえれば、あとは自分の腕を信じて作りましょう。味付けというのは、上手い下手ではなく、単に好みですから。

家族はいちいち褒めてくれませんが、みんな家の味が大好き。だから自信をもてばいいのです。

めんつゆがあれば

日本の料理は、水の料理と言われます。昆布とかつおでとるだしには、グルタミン酸などのアミノ酸とイノシン酸がたっぷり。このうまみが私たちのからだにはしみ込んでいます。海に囲まれた島国の日本で稲作が盛んになったのは、四季があり、水資源に恵まれていたから。料理は、その国の風土と切り離せないものです。

上海出身の友人が、日本にはこんな便利な調味料があるのか、と驚いていて、何かと思ったら、めんつゆでした。炒めものの最後には必ず使うと言うんです。

確かに、めんつゆは、だしと醬油、さらに酒やみりんをいいバランスで組み合わせたもの。日本の食文化を代表する調味料と言ってもいいかもしれません。

私もめんつゆと酢で酢のものを作ったり、めんつゆとごま油でドレッシングにしたり、炒めものにめんつゆとオイスターソースを使ったりと、めんつゆを使い回しています。とても便利です。バターと合わせて洋風にしたり、キムチと合わせて辛みを弱めたりと、なんでも日本人好みの味になります。いつも同じような味になってしまうという弱点もありますが、これを利用しない手はありません。

インドでは、暑い時期は連日最高気温が40度前後になります。インド料理に使われるギーは、インドの水牛やヤギからとった乳で作るバターですが、その気温だとバターより腐敗しにくいんです。インドの風土から生まれたギーがインド料理のベースにあります。

中国の北部の料理ではアヒルと小麦を使い、南部では鶏と米です。それも風土とつながっています。

どこの国にも、風土とつながった食文化があります。そう考えると、めんつゆは日本の食文化をとてもコンパクトに伝えています。

4章

軽くしたい心とからだ

育てる楽しさ

部屋で緑を楽しむようになりました。窓辺で多肉植物のエアープランツやエケベリアを育てています。道端にエケベリアの葉がポトリと捨てられているのを偶然発見し、なんとなくかわいそうで拾ってきて、見よう見まねで始めました。

葉をそのまま1枚ずつ窓辺に並べて、ときどき霧吹きで水をかけたりしていると、根が出てきて株のようになり、ちょうど今、土の入った鉢に挿したところです。毎日少しずつ変化を楽しんでいます。

わが家では長い間、金魚を飼っていました。主に世話をしていたのは夫で、前の家の広いバルコニーに水槽を置いて繁殖させていたら、20匹以上になった時期もありました。この家ではリビングに鉢を置いて3匹飼っています。

家の中に生き物がいるっていいものです。金魚は、イヌやネコほど動きも表情もありませんが、鉢の中を元気に動き回って、エサをやると急いで寄ってきたり、夜になるとじっとしていたり。それを眺めているだけで、穏やかな気分になります。

昔は家族のお世話だけで手いっぱいでしたから、植物を育てようとしてもうっかり水やりを忘れて枯らしてしまうこともありましたが、ここに来て時間や気持ちに少しずつ余裕ができたのでしょう。水をやったり場所を移したりしながら、なんとか順調に育っています。

家にいるペットや植物は、飼い主が世話をしなければ生きていけません。植物の場合は、お世話の規模はずいぶんとこじんまりとしていますが、せっせと育てることは私にとって日々の潤いになっています。人間には、何かを気にかけて世話をする、育てる、慈しむことで満たされる感情が、あるのでしょう。

見よう見まねで始めた多肉植物育ても、いつの間にか鉢が増えてきました。霧吹きでシュッと水やりは私の日課です。

60代のランニングはゆっくり短くからスタート

ランニングを始めたのは、4年くらい前、60歳を目前にしたころでした。少しずつ走る距離を伸ばしていき、フルマラソンにも出場。ランニング仲間もできて、充実したランニングライフを送っていたのですが、夫が体調を崩したこともあり、ここ半年ほどは走っていませんでした。

そろそろ再開しようと走り始めて、今日は3km、次の日は5km、そして休んで、みたいにボチボチやっていたのですが、なかなか10km走れるようになりません。走っていると急に心臓がバクバクしてきて走れなくなってしまったりして。

どうしたんだろうと思っているうちに、不意にあることを思い出しました。1年ほど前のある日、自分でもわかるくらい体力がガクッと落ちたことを感じたのです。これはなんだろう？　と不思議に思うような感覚でした。

そのあと走れない日が続き、すっかり忘れていたのですが、自分なりに解釈したのは、私のからだがその瞬間、60代を自覚したのではないか、ということです。もう50代のときと同じことはできないと。

ランニングを再開したとき、私の記憶にあるのは50代の自分でした。そのつもりで走ろうとするから、なかなかからだが反応しない。気力だけではどうにもならないことをからだが教えてくれました。

ランニング以外のスポーツをやることも考えました。だけどヨガはそれほど得意ではないですし、ジムに通うのもあまり気乗りしません。

ランニングは、つらいときもありますが、やっぱり私に合っています。やりたいときにサッと始められる気軽さもいい。旅ランといって、どこかへ行って景色を眺めながらゆっくり走るのもやってみたい。

これからは、60代のからだからスタートして、楽しくコツコツやっていけばいい。

前はもっと走れたのに、と過去の自分と比べて落ち込むのではなく、未来の自分に挑戦するような気分で続けていこうと思います。

そこで、ランニング用の時計を夫に買ってもらいました。ひとつはランニングへのモチベーションを高めるため。そしてもうひとつは、自分の体調をチェックするため。心拍計がついているので、高いとすぐに休むこともできますし、あとでデータを見直して、どれくらいのペースで走ると、心拍数がどうなるか、と自分の走りを確認することができます。

60代のからだと相談しながらゆっくり短い距離から始めて、また、マラソンを完走できるからだを作っていきます。フルマラソンを完走したときの、あのなんとも言えないよろこびをまた味わいたいです。50代のときとは違う味わいのよろこびかもしれません。

夫からもらった時計と私がプレゼントしたスニーカー。お互いへの感謝と健康を願う気持ちも受け取りました。

夫婦で初めてのプレゼント交換

ランニング用の腕時計は、夫がクリスマスプレゼントとして買ってくれました。ランニングで使いたい、欲しい、と思っていたのですがなかなか決断できずに「買おうかな」「どうしよう」と迷っていたら、夫が「プレゼントしてあげるよ」と言ってくれたのです。

体調を崩した時期もあって感謝の意味もあったのかもしれません。買ってもらったのは、GPS機能がついたガーミンというメーカーのランニング用ウォッチです。ストップウォッチ機能だけでなく、距離やペース、心拍数も表示してくれて、とても走りやすくなりました。

それなら私からも、と夫に欲しいものを聞いたら、歩きやすいシューズがいいということで、夫が見つけてきた広島のスピングルというメーカーのものをプレゼントしました。今、膝を少し悪くしているのですが、ソールに天然ゴムを使っていてとても歩きやすいそうです。気に入って1日おきにはいています。

これまでは、欲しいものがあればそれぞれが自分で買っていたのに、思わぬタイミングで初めてのプレゼント交換です。

自分で選んで、買うならこれ、と決めていた時計ですが、わざわざ買う必要があるのかと、ずっと自問自答していました。いつもきっかけをつかむのにひと苦労するのです。だからとてもありがたい申し出でした。

お互い、あればうれしいけれど、必需品というほどでもないものをプレゼントできました。とてもいいプレゼント交換でした。

仲間とのお付き合い

毎月1回くらいの頻度で、女子会をする仲間ができました。もともとは一緒にランニングをする仲間です。くだらない話でワイワイと盛り上がって、走り終わったら解散。お互い、仕事のことも家族のこともよく知らないまま仲良くなりましたから、とてもさっぱりとした関係です。

少しずつ打ち解けて、少し深い話もするようになったりして、これからもずっとつながっていたいと思うようになったところで、女子会をするようになりました。年齢は、40代、50代で、私より少し若い人たちです。

ときには、それぞれの得意分野を披露し合うこともあって、マッサージをしてもらったり、片付け方をアドバイスしてもらったり。私はもちろん、みんなのために料理を作ります。

人のお家で料理を作るなんて、なかなかない経験です。自分がいつも使う道具がない場所で、家族に作るような料理を、仲間に食べてもらう。「どうやって作るの？」と聞かれて説明したりして、とても和気あいあいとしています。

仕事が忙しくて、あるいは体調が悪くて参加できない人がいても「また、来れるときにどうぞ」という関係だから、とても心地いいのです。

お互い背負っているものが見えるお付き合いは、ときに苦しくなります。仕事のこと、夫婦のことや子どものこと、あるいは介護問題などを語り始めると、誰しも愚痴っぽくなることがありますから。今、こういうライトなお付き合いができる仲間がいることにとても感謝しています。

シニア世代の美しさは姿勢と表情から

姿勢が悪いよ、と家族からたびたび注意されます。夫から「鏡を見たら?」と言われて、ベッドを買い換えたとき、ついでに鏡を移動させて、テレビの横にドンと置きました。通りすがりにチラッと見ると、いろいろと発見があります。

よく寝た日はほうれい線がきれいに消えていたり、眠れなかった日はどことなく顔色が悪かったり。姿勢もすごく悪いときがあります。

これまで、鏡でじっくりと自分を見る習慣がなく、表情にも姿勢にもわりと無頓着でしたが、シニア世代は姿勢がいいだけで全体の印象が変わります。道を歩く人を見ていても、姿勢のいい人はイキイキとしてそれだけでも若々しく見えますし、ランニングも姿勢がいいと走りやすい。

私もいい姿勢を心がけていると、すぐに友人たちから「元気そうね」と言われて、そんなに違うものなのかと、とてもうれしくなりました。

表情もそうです。心の中は、すぐに表情に表れます。それはやがてシワとなって私たちの顔を印象付けるようになってしまうのです。怒ってばかりいると、眉間に深いシワが刻まれてしまったり、憂鬱そうな表情をしていると、口角が下がってしまったりすることがあります。

見たくないからと鏡を避けるのではなく、いまこそ、鏡をのぞくと自分がどんな状況か、新たに気がつくことがたくさんあります。

姿勢や表情がわかるような大きめの姿見を、見やすい場所に置いておくと、とても簡単に健康チェックができます。

夫婦の役割は変わっていく

男性はもともと女性と比べると仲間付き合いが活発ではない人が多いので、退職後は奥さんにべったり、という例をよく聞きます。わが家はそんなことはありませんが、映画に行ったり、散歩に行ったり2人で過ごす時間が増えてきました。

そんなときに、これまでほとんど病気をしたことがなかった夫が、この1年ほどの間に、手術や入院を経験しました。

ずっとわが家を陣頭指揮してきたのは夫です。

ところが一時的にせよ、働き手は私だけという状況になって、少しずつ任されたり、決断をゆだねられたりすることが増えました。夫も自分だけが家にいるときは洗濯をしたりするようになったりして、夫婦の関係が少しずつ変化しているのを感じます。

夫は昔から、私よりも断然フットワークが軽くて、やるべきことをすぐにできる人です。本当に尊敬するほど。午前中に銀行に行くという日は、朝ごはんを食べたら、サッと支度をする。

そういうところは今も変わらないのですが、何かのときにふと、以前より疲れやすくなっていると感じることがあります。出かけて帰ってきたあと、また何かをするのではなく、横になっていることも増えました。

旅行でも、これまでは自分のアンテナを頼りに、ここに行こう、あそこのレストランがいい、と言っていたのが、子どもたちに意見を求めるようになっています。

だけどそれは年をとったのではなく、年相応になったのです。60代の自然な姿ですから、私も疲れたときは同じように休みます。夫が寝ているのを見て、夫の分までがんばろうとするのではなく、私も寝てしまう。それでいいと思います。

食事にしても、私が疲れていると言うと夫はよく「それなら外に食べに行こう」と言っていました。美味しいものをしっかり食べたいタイプですから。

だけど私は、わざわざ外に行くのも疲れるし、そうしょっちゅう外で食べているとお金もかかりますから、家で簡単に済ませたいときもあります。

そんなとき、お互いがイヤな想いをしないための折衷案が「駅弁」や「居酒屋メニュー」です。

食べものは、私が好きなのはお米、油揚げ、海藻で、夫は、肉が大好き。今も夫は肉が食べたくなると、仕事場のキッチンでバターをたっぷり使ったステーキを焼いています。肉を食べている姿は本当に幸せそうです。きっと夫の祖先は狩猟民族、私は農耕民族だったのでしょう。

長年夫婦をやっていても、いまだに、この人、こうなんだ、と驚くこともあれば、好みや習慣などはそれぞれのまま。きっとどこの夫婦もそうでしょう。

だけど、お互い疲れやすくなってペースが落ちてきたからこそ、許容しあえるようになっています。

年齢に抗《あらが》わない

今は、人生100年時代と言われ、70歳、80歳になっても元気なままで、自分でなんでもできると思い込んでいる風潮があります。

だけど私の実感としては、60歳は60歳、70歳は70歳で年相応に衰えます。40代や50代のころと同じようにはできません。体力もそうですが、記憶力や情報の集め方も、悔しいけれど違ってきたなと感じます。

60歳に対する世間の感覚は、昔はもっと「おばあさん」でした。今はずいぶんと違ってきていますけれど、40代のようなエネルギッシュさや50代のようなフットワークの軽さはありません。誰もそんなことをわざわざ口にしないですけれど。

たとえば、SNSに慣れていれば、料理を食べる前にサッと写真を撮ったりもするでしょうが、私はそれも億劫です（笑）。たまに写真を撮ってアップすると、コメントを付けてくれる人もたくさんいます。うれしいですし、ありがたいので、続けてみようと思うのですが、習慣にするところまではいきません。

同世代でもＳＮＳをこまめにアップする人もいます。それが無理せずできる人もいます。私自身にも負けず嫌いなところはありますから、ときには、落ち込むこともあります。だけどだいたいは私なりのやり方をコツコツ続けていくしかないというところに落ち着きます。

そんな弱気だからいけない、という人もいるかもしれませんが、私の60歳と、誰かの60歳は違うのです。それぞれの年齢の重ね方があります。

私はきっとまた70歳になれば、60歳のときとは全然違う、と感じるでしょう。私は、私なりの感覚に正直に、年相応の生き方をしていこうと思っています。

これからの私

いつも今のことに精一杯で、先のことをあまり考えていませんでした。お金のことにも無頓着で、生命保険なども、最低限のものにしか入っていません。夫に聞くと、「大丈夫だよ」「3人ともいい子に育てたんだから、誰かに頼ればいい」と言いますが、答えになっていないと思います（笑）。

ときどき、自分が料理ではなく別の仕事をするなら何をしているだろう、と思うことがあります。

スーパーの紀ノ国屋で、バックヤードから商品をもってきて店頭にきれいに並べる、品出しの仕事をするのもいいかなって。そんなふうに考え、ちょっと想像してみることもあります（笑）。私は、市場やスーパーが大好きです。色とりどりの旬の野菜、さっきまで海にいた生きのいい魚、古くから日本人に食べられてきた味噌や梅干しなど、食料がたくさん揃っている宝箱のような場所ですから、そこにいられたら、きっと幸せに違いありません。

商品ですから、そこで食べるわけにはいきませんが、どんな味がするだろう、どんな料理に合うだろうと考えるだけでも楽しい。食材にはきっと普通の人よりは詳しいはずですから、買い物に来た人に、これはこうすると美味しいですよ、とお節介にならない程度に、お伝えしたりするのもいいかもしれない、と思うのです。

出張で地方に行ったとき、80代くらいのおばあさんが、冬にこたつで料理の本を見ながら過ごすのが楽しい、とおっしゃっていました。実際に料理を作るわけではないけれど、見ているると元気が出てきて楽しいと。お話を聞いて私も元気をもらいました。

料理は、自然の恵みを使って、つまり動物や植物の命をいただいて作ります。それぞれの命という個性があるから、作る人は、それをどう生かすかと考えて、料理を作るのです。その料理を食べて、私たちのからだは作られていきます。そうやって命が巡っています。

私は、40年近く料理の仕事を続けてきました。

食べるのも作るのも研究するのも、もっともっとすごい方はたくさんいます。40代には40代、50代には50代の提案がそれぞれあり、私のような60代には、無理をしないで提案できる等身大の提案をしていきたいと思っています。

皿の中だけで、美味しいとか上手にできないなど小さくまとまらず、動物や植物の命のつながりや自然環境、自分の食べたいものを作ることができるよろこび、また、高齢になって料理を作れなくなったとしても、「今度はこれを食べたい」という食の希望、そんなものを大切にしていきたいと思っています。

年齢を重ねれば、仕事は少しずつコンパクトになっていきます。それは自然なこと。だから何年も先のことを考えて不安になるより、今できることをこれからもコツコツと続けて重ねていくつもりです。

おわりに

持ち家を手放すという大きな暮らし方改革から2年が経ちました。

ものを減らし、コンパクトになった暮らしを見つめていると、今も変化し続けていることに気がつきます。


60代とは、不思議な年齢です。

若いようで若くはなく、だけど、あきらめているのかというと、そうではありません。まだまだやりたいことはありますし、こうなりたい、こんなことができれば楽しい、という希望を、いつも心にもち続けています。

いっぽうで、社会から人生１００年とあおられることに戸惑い、焦りや不安を感じることもあります。

自然災害やウィルスによる感染症などによって、生活はあっけなく変わるものだと知りました。それでも毎日、心ゆたかに暮らしています。本当に大切なものは、目に見えないのです。

いつも同じである必要も、もっとよくしようと焦る必要もなく、私は、これからも今大切にしたいことを自分自身に問いかけながら、変化を重ねていくでしょう。

この本では、そんな暮らしの時間を提案しました。私生活の恥ずかしい部分も暴露しています。フレンチのシェフと料理の先生のお家ごはんが駅弁なんだ！　と驚かれた方もいるかもしれませんね。

でも、楽しそうでしょう？　今というときを私は心から楽しんでいます。そしてこれからも、退化したり成長したりしながら残りの年齢を楽しみたいと思っています。

本という形にしてくださったこと、本当に感謝しています。読んでくださってありがとうございました。

藤野嘉子

藤野嘉子（ふじの・よしこ）

学習院女子高等科卒業後、料理家に師事。フリーとなり雑誌、テレビ（NHK「きょうの料理」）、講習会などで料理の指導をする。「誰でも簡単に、家庭で手軽に作れる料理」「自然体で心和む料理」を数多く紹介し、その温かな人柄にファンも多い。

著書に『女の子の好きなお弁当』（文化出版局）、『料理の基本　おいしい和食』（永岡書店）、『一汁一菜でいい！　楽シニアごはん』『がんばらなくていい！　楽シニアの作りおき』『生き方がラクになる60歳からは「小さくする」暮らし』（以上、講談社）など多数。

夫はフレンチレストラン「カストール&ラボラトリー」のシェフ、藤野賢治氏。

ブックデザイン　若山嘉代子 L'espace
撮影　金　栄珠（小社写真部）
構成　今泉愛子
イラスト　片塩広子

60過《す》ぎたらコンパクトに暮《く》らす
モノ・コトすべてを大《だい》より小《しょう》に、重《じゅう》より軽《けい》に

2020年8月26日　第1刷発行

著　者　藤野嘉子《ふじのよしこ》
発行者　渡瀬昌彦
発行所　株式会社 講談社
〒112-8001 東京都文京区音羽2-12-21
電　話　販売 (03)5395-3606
　　　　業務 (03)5395-3615
編　集　株式会社講談社エディトリアル
代　表　堺　公江
〒112-0013 東京都文京区音羽1-17-18 講談社SIAビル6F
電　話　編集部 (03)5319-2171

印刷所　豊国印刷株式会社
製本所　株式会社国宝社

ISBN978-4-06-520530-3